经营哲学与进阶逻辑

刘文涛 —— 著

中央编译出版社
Central Compilation & Translation Press

图书在版编目（CIP）数据

经营哲学与进阶逻辑／刘文涛著. —北京：中央编译出版社，2020.9
ISBN 978-7-5117-3768-7

Ⅰ. ①经… Ⅱ. ①刘… Ⅲ. ①企业经营管理 Ⅳ. ①F272.3

中国版本图书馆 CIP 数据核字（2020）第 169048 号

经营哲学与进阶逻辑

责任编辑	朱瑞雪
责任印制	刘 慧
出版发行	中央编译出版社
地　　址	北京西城区车公庄大街乙5号鸿儒大厦B座（100044）
电　　话	（010）52612345（总编室）　（010）52612341（编辑室）
	（010）52612316（发行）　　（010）52612369（网站）
传　　真	（010）66515838
经　　销	全国新华书店
印　　刷	北京紫瑞利印刷有限公司
开　　本	700 毫米×1000 毫米　1/16
字　　数	130 千字
印　　张	10.75
版　　次	2020 年 9 月第 1 版
印　　次	2020 年 9 月第 1 次印刷
定　　价	58.00 元

新浪微博：@中央编译出版社　　微　　信：中央编译出版社（ID: cctphome）
淘宝店铺：中央编译出版社直销店（http://shop108367160.taobao.com）
　　　　　（010）52612322

本社常年法律顾问：北京市吴栾赵阎律师事务所律师　闫军　梁勤
凡有印装质量问题，本社负责调换，电话：（010）52612322

自　序

　　似乎伟大的时代大致有两种类型：一种发源于文化思想和艺术的繁荣，思想家、艺术家成为时代的重要推手；一种兴盛于科学技术和商业的繁荣，科学家、企业家成为时代的重要推手。人类思想艺术的伟大由来已久，在此不做延伸，随便看看古希腊、春秋战国、文艺复兴等历史即知；而科技商业的伟大却只有几百年，主要是工业革命以后发生的。

　　本书主要还是说经营，经营人生、经营商业、经营家族等都属于经营。现在，闭上眼睛，看看你的脑海里都会浮现出哪些商业领域的经营大家？国内必有柳传志、任正非、马云、马化腾、王健林、张瑞敏、李彦宏、刘强东、雷军……当然，国外也必有贝佐斯、马斯克、扎克伯格、比尔·盖茨等。

　　以前学文学史，老师会把屈原、李白、杜甫、欧阳修、曹雪芹等比喻成一座座大山，回首看去，座座大山高耸，而那些高耸之中却也有高有低，那么究竟谁是最高的呢？

　　俗话说文无第一，且人又各有主观喜好，然归根结底还是以成就来论。比如，现当代文学史我们就曾有过自己的排名：鲁迅、郭沫若、茅盾、巴金、老舍……这个排名曾经很重要，如果今天你来排名，你会怎么排？

　　给企业家排名其实相对容易，一方面要看他的企业的经济指标贡献，如销售额、上缴税收金额、间接或直接就业人数甚至是公益捐献金额等等，另一方面还要看他及其企业为社会创造了多少精神价值和思想价值，比如马云，对外倡导新商业文明，内部又打造出一群"有情有义的人"（来自阿里企业画册），他的书籍及演讲视频资料，往往能给人以认识上的启迪，这种启迪大于多数专门从事培训教育工作者的贡献，甚至大于现在很多思想大师们的贡献。

我们说，企业家精神就是创新精神、冒险精神，也是能够创造价值的精神。这里需要提一句的是，商人与企业家是不一样的，很多商人可能有冒险精神，却不能创造价值，也不具备创新精神。生意人是有钱就赚，商人是赚有原则的钱，有所为有所不为，企业家则是基于经济和社会价值创造的，是要承担员工、股东、客户的发展责任的，甚至要担负国家和人类社会发展的使命。很多企业家都是理想主义者，赚钱不是他们的唯一目的。

比如任正非，他曾在一篇报告中这样形容华为："华为现在的水平尚停留在工程数学、物理算法等工程科学的创新层面，尚未真正进入基础理论研究。随着逐步逼近香农定理、摩尔定律的极限，面对大流量、低延时的理论还未创造出来，华为已感到前途茫茫，找不到方向。"

当很多的生意人还在为怎么赚钱投机的时候，任正非却认为"华为已前进在迷航中"，认为"重大创新是无人区的生存法则，没有理论突破，没有技术突破，没有大量的技术积累，是不可能产生爆发性创新的"。毫无疑问，伟大企业家的征程是星辰大海。

从这个角度说，企业家理应成为时代的偶像，同时也会因为其作为偶像的榜样作用，反过来促使他们更加自律和正向发展。

同时，企业家的成功，离不开职业经理人，现在叫作"事业经理人"或"合伙人"更加合适。中国文化经典著作《周易》

的核心理论是阴阳辩证，职业经理人与企业家也是阴阳辩证。企业家代表阴，代表不变的愿景和使命，职业经理人代表阳，代表市场和策略的变化；企业家经营目标和文化，职业经理人经营指标和流程；企业家靠理想活着，职业经理人靠专业活着。

中国古代的企业家叫东家，职业经理人叫掌柜的，东家与掌柜的，可以说很好地演绎了阴阳互相成全的历史。所以，就像《周易》中阴中有阳、阳中有阴的八卦图所示，企业家也要有变化和职业的一面，而优秀的职业经理人也要有企业家精神，但凡两者结合好、配合好的，便能够开创一个好的局面。马云不是说过嘛，同样是做电子商务起家，为什么阿里成功了，当时更牛的8848却失败了，就是因为马云吹完的牛，有人帮他实现，而王峻涛吹完的牛，仅仅是吹牛。

然而更多的真实情况是，一个卓越的职业经理人其实经常面临艰难的处境。你看百度的陆奇，既是硅谷传奇人物，也是李彦宏的朋友，当百度又面临转型挑战，在这种情况下加盟百度，不可谓不是天时地利人和，而李彦宏也几乎言听计从地由他来掌舵核心业务，百度战略转向为"All in AI"，股市上也给出了非常好的反应，百度股价飙升，重回BAT一线集团。但是很快，只有一年多的时间，他便交出了实权，只担任百度副董事长，股价也因此在几天内暴跌掉90亿美金。

网上的说法自然有多种，有说是高层内斗的，有说是战略重整的，陆奇的解释是家庭原因，就像当年我的前东家万达集团的电商前CEO董策要回澳大利亚照顾家人一样，家庭永远是一个男人对于工作拐点的最好解释。陆奇与董策的交权说辞一样，但真实原因不一样，董策在万达的工作没有得到各方认可，而陆奇一年多的工作成绩是得到了股东和社会认可的，甚至是百度内部也认可，但是结局却基本差不多。

我有一段时间会常常想，那些伟大的企业家和卓越的职业经理人（或叫事业合伙人）是因为什么而走向成功的呢？是因为性格、认知、资源、运气、努力程度，还是基于彼此成就的团队，抑或是其做人的成功？

中国的古训是：做事先做人。我们知道，做事与做人是互相成就的。然而，**到底是通过做人来做事，还是通过做事来做人，这里面其实区别甚大。**

有一种观点认为，无论做什么事，在什么时代做事，归根结底是做人。那些成功的人，不是做事成功，而是做人成功；同时，做事的原则规范和水平高低，本身就体现了做人的优劣。人才是目的。

中国古代先贤伟人大多十分注重修身、齐家、治国、平天下，在他们眼中，做人和做事是相互结合甚至一脉相承的。于是，他们在做事中磨炼自己做人的境界，在持续完善人格中获得做事的成果。中国几千年的传统文化，也使得我们把做人是否到位，看作是衡量做事是否成功的标准。

后来我猜想，我们之所以推崇做事先做人，大约是几千年的农业文明所致。在古代，缺乏系统性的法律及契约约束，人们的行为主要受人治和道德、宗族家法和皇权思想的影响，同时没有系统的社会分工，因此，你做人就不能太出格，否则大家不帮你、技术又不发达，你就很难做成事。

但工业文明的开启，使事情有了变化。专业化的社会分工，**使人可以在自己的专属领域专注做事，契约和法律又可以保护你的做事权益不受做人倾向的影响。**尤其到了今天，互联网时代带来的是虚拟和现实的模糊性，又使得互不干涉的平行世界成为现实（所谓平行世界就是你有你的个性化生存场景，与我的生活没有关联，大家彼此平行，这个话题后面有机会再叙，在此先打住），你把事情做好了，自然也就是做人的证明。

传统的木桶理论注重补足短板，而在今天，继续强化长板被认为是更有价值的事；即使犯过错误，但不断把一件事情做到极致，由此所带来的巨大收获，远大于谨小慎微地试图去做个完人。所以，如果你专注于做事，忘掉其他，似乎往往能取得超乎寻常的成功。

那么，勤奋努力是做事成功的关键因素吗？

我们曾经看到，"天道酬勤"这四个字经常会被悬挂在人们的客厅或办公室，而身边也不乏榜样的激励：小米的雷军被称为是"劳模"，科比曾自豪地说过"你们见过凌晨4点洛杉矶的日出吗？我见过"。

好吧，我们都是勤劳的人。我在这里问几个问题，快问快答：

1. 选择和努力哪个更重要？不要告诉我努力选择更重要！

2. 勤奋是人天生的禀赋吗？还是后天可以习得的？

3. Where there is a will, there is a way，除了"有志者事竟成"，还有没有更好的翻译？从语法上看，"will"与"way"，哪个更重要一点儿？

4. 诸葛亮与司马懿，哪个能力更强？哪个结局更好？

5. 乔布斯是个美国人，你觉得他的苹果公司风格偏日式禅意还是美式潇洒？

6. 史蒂夫·鲍尔默任微软CEO十多年业绩满满，你认为微软赢了吗？

7. 联想与华为，十年前和十年后谁更厉害？

8. 你战胜了所有对手，就一定能赢吗？

……

这些问题其实我也没有正确答案。

我因为同学韩德江的鼓励或者说怂恿，写了一本现在已经确定认为是主观色彩浓厚甚至有失公允的简历——《我在万达这七年》（感谢中央编译出版社的出版），又被怂恿继续写，恰好从万达离职后，我进入华宇集团，当时抱着试试看的态度做到今天，我也是一路不断学习，不断成长。这就是我想认真思考一下经营的非主流逻辑并付之以文字的由来。

近些年，手机、电脑和电视成为了我阅读和学习的最主要工具，纸质书看得确实不多了，你就想，那么厚的《三体》，那么厚的《海伯利安》，不算厚的《时间简史》，不算厚的《平行宇宙》等等，我全是在晚上睡觉前的手机上看的，或许这也是我眼睛越来越近视的原因吧。

还有一次跟朋友周末一起看《走向共和》，包括后来又看《大明王朝1566》，我突然感受到了经营管理上的巨大启发和力量，并运用到了我们商场的经营中去，果然获益良多，我们商场从2016年到现在连续三年客流两位数增长，哈哈！

不过，话说回来，作为职业经理人，我时时有一种担忧，担忧自己的知识能力无法跟上，担忧未来的职业及事业前景。按照很多离开万达的高管的经历来看，他们离开万达进入新单位，很多都是一到两年就又离开，无论是不是被迫跳槽和离职，仿佛已经成为了中年油腻职场男女的一道魔咒。

这是这个时代赐予我们要承受的，而反过来，这个时代也是我们塑造的。所以好吧，让我们一起来做个研究僧（生），研究一下经营上的非主流逻辑吧……

目 录

第一章 我会不会失业? …………………………………… 1

一、我的后万达时期的焦虑
　　——被重新定义的战略和职业经理人的焦虑新常态 …… 2

二、见证同学风口上的创业
　　——论利基市场切入技法与基因打造的匹配性 ………… 8

三、跟一个很重要朋友的聊天
　　——经营的最高境界或是基于信仰的使命感 …………… 16

第二章 做正确的事,还是正确地做事 ………………… 25

一、营销依赖症
　　——营销依赖易带来价值撕裂,而其发展方向则向
　　　价值深耕和用户时间争夺转移 ………………………… 26

二、管理悖论学
　　——管理是重要的,而其最重要的意义可能是让管理
　　　本身变得不重要 ………………………………………… 34

三、转型陷阱论
　　——转型要从第一性原理中获得增长逻辑才可以
　　　成功 ……………………………………………………… 45

番外篇（一）：世界杯上的日本队和日本搬家公司 ········ 54

第三章　知行合一是对的吗？ ················ 61
一、认知税的提出很重要
　　——企业竞争的本质，某种程度上可以被认定为
　　　认知维度之争 ························ 62
二、平行世界：事实不是只有一个
　　——互联网削平和解构了的世界，其实是一个被
　　　增强了个性化差异的多维、平行世界 ········ 68
三、我们并不一定知道未来是什么
　　——让新事物自然生长，是我们面对不确定性未来
　　　的最佳经营策略，虽然此时不一定知行合一 ··· 76
番外篇（二）：世界杯上的广告和反映出的认知 ········ 85

第四章　市场边界的背后 ····················· 89
一、恭喜你进入格式化生存
　　——内容即推广，游戏即营销，颜值即正义，认知
　　　即概念 ···························· 90
二、我们穿越在赛道上
　　——赛道选择体现战略智慧，赛道突破要有杀手
　　　气质 ······························ 99
三、技术与人文谁更牛
　　——技术不是人文的产物 ················· 110

第五章　绝对不能忽视的经营关键词 ·············· 121
一、情义
　　——人文精神的核心表达，伟大组织的必要条件 ···· 122

二、原则
　　——基于第一性原理的成长算法，成就伟大组织的另一必要条件 …… 130
三、一把手
　　——组织和绩效差异性的最后秘密 …… 141
番外篇（三）：周鸿祎自述——优秀一把手的理论与实践 …… 149

后　记 …… 155

第一章　我会不会失业？

导读概要

1. 有机会面临企业的战略转型，既是幸运的，又有可能是不幸的，幸运在于基于增长性的事后总结，你可以得到成功的战略模型；不幸在于因为失败概率极大，你可能很难有事后总结成功的机会，即使当时你认为这个战略足够牛。因此，职业经理人要突破发展瓶颈，如果没有做人的智慧，这固然很难，但没有做事的格局基本上更搞不定。

2. 创业企业要成功的理由可以有很多，但失败的原因总是包括那么几条核心的东西，所以我们真的要有敬畏之心，要找到利基市场且能够以最敏锐的嗅觉和精准的角度切进去，这其中还有一个获得持久成功的秘密就是：静心聆听使命的召唤，精心打造独特的基因。

3. 要想搞清楚经营的历史和逻辑，必须探求经营的最高境界，那些超越企业经营的圣人、伟人更有可能给你真正的启发！你会发现无论是哪个领域，最后都殊途同归：经营的最高境界是人格与信仰，以及由此发源的使命和愿景。写到这里，个人会不会失业，好像没有那么令人焦虑了。

一、我的后万达时期的焦虑
——被重新定义的战略和职业经理人的焦虑新常态

我是很感恩万达的,曾经写过一篇《我用七年,证明自己是一名万达人》的文章,现在这些内容依然是我的心声:

在万达七年,我学到的是,目标必达、说到做到。一度外界流传万达从拿地到开业以 18 个月为周期,其实我还经历过更短的。不管多么困难,万达从每年开四个、七个、十几个到现在五十多个商业项目,没有一个项目延期耽误过。每家项目所有的重要目标和过程都量化为模块化(输入 ERP 系统),严格执行,严格管理,这是万达的一大创举,也是成功的保证。你就想,很多国企两到三年开一个项目,就已经很吃力,有的还不断延期,有的开业以后经营惨淡,万达一年开到几十个项目,却没有一个不按时开出,也几乎没有一家经营不善的广场!这就是"打铃交卷",更是"考出高分"!

在万达七年,我学到的是,务实高效,不玩虚的。以前我在万达学院做讲师,学院就要求我们的课件必须是基于解决经营和管理的实际问题,必须是干货,绝对不能是那些高大上的理论、概念和故事!就连开会做 PPT,如果过于花哨,也会被批评。万达的 PPT 模板统一设计得十分简洁,就是因为担心大家花太多时间在一些虚头巴脑的事情上。有领导就说:我们要干的是实事,不要玩虚的。

可以说,万达的人才来自各个领域、各个地方,也汇聚了各种文化,但最后都变成了万达风格、万达文化。很多人都说，一个典型的万达人就是一个"理科生"，他们对虚无缥缈的概念和形式抱有本能的手术刀式的探究，可以说是"问题意识"的信徒，发现问题，解决问题，一步一个脚印，踏实前行。

在万达七年，我收获的是一群来自全国各地的万达亲友。这一点是毫不夸张的，很多离开万达的人，到外地出差，都很容易找到自己的万达战友，不管对方有多忙，总能找到一个晚上，大家肆无忌惮地对酒当歌、毫无掩饰地坦诚相见！还有来自万达人互相推荐的工作机会、招商信息、招聘信息甚至创业合作机会等，真的让彼此受益匪浅。

截止到今天，我离开万达已近三年。我一度认为，万达强在战略，赢在执行。后来发现，战略是个特别奇妙的东西，已经不是原来我们在书本上学过的概念了。

你看万达几次战略转型，第一次是从地方企业转型全国企业，第二次是住宅产业转型商业地产，第三次是单一地产转型商业、文化、旅游等综合性业务，这三次转型，都算成功，尤其是第二、第三次，直接奠定了万达集团商业地产领域全球第一的地位。

现在万达谋求的第四次战略转型，王健林是这样描述的："万达第四次转型从 2015 年年初开始实施，这次转型分两方面：从空间上看，万达从中国国内企业转向跨国企业；从内容上看，万达从以房地产为主的企业转向以服务业为主的企业，形成商业、文化、金融、电商四个支柱产业。万达第四次转型从空间和力度上都发生了深刻变化，与前三次转型有本质不同。一是企业性质发生根本变化。前三次转型，企业仍以房地产为主，这一次转向以服务业为主。二是企业战略目标发生本质变化，从中国一流企业转向世界一流跨国企业。不满足在中国发展，要走向世界。"

万达第四次转型成功了吗？

目前来看，有得有失、有成有败。成功的地方是商业服务业的确获得了升级，从地产主导变为轻资产、内容和服务主导，进一步奠定了全球第一商业地产公司的地位；失败的地方就是，一是电商尝试连续多年受挫，投入巨大的互联网集团业务频繁换将、重组，却迟迟未能找到用户价值引爆点，亏损严重；二是文旅项目的内容并未成为盈利的引擎，万达裁员从百货到地产，又到电商，近几年几乎每一两年都会有大的人员调整传出。

同样是战略转型，第四次为何更加复杂和困难？

原因就是战略因为互联网时代和商业模式的颠覆，而被重新定义了。首先，我们原来觉得战略是规划出来的，是明确方向、投入资源和坚定执行的结果，这个目前看来可能就错了，优秀的互联网企业家更多地认为：**(1) 战略是基于使命和愿景试错出来的，不是基于业绩增长计划布局出来的；(2) 战略往往是事后的总结，不是事先的规划；(3) 战略的出发点是用户价值提供，而不是公司利益，或者不能仅仅是公司利益。**

这可能就是万达在第四次战略转型中要认真面对的问题吧，所谓互联网基因，其根本就是让公司充满用户思维，而非大公司固有的程式化思维。这个其实很难。

我们也常开玩笑说，"You can you up, no can no bb"。的确，认识到和做到是完全不同的两个维度，否则那些培训大师们早就成为首富了。万达战略和执行曾经无敌于天下，现在因为平行世界的逻辑变得凸显，战略目标之争突然变成了维度世界之争，一下子显得好像有些无厘头了。

这是个"我消灭你，但与你无关"的世界，有些人在改变世界，我们能做的，是尽量不被世界改变。

于是，我们中的很多人，都有了失业之忧。因为我们知道，如果没有颠覆性的格局和打法，我们很难成为真正卓越的职业经理人，即便那些已经实现了财务自由的500强企业的副总裁们一样忧虑。

是的，在战略多维的平行世界下，极少数人走向风口，践行创新颠覆的游戏，而多数传统企业世界（主导商业产值接近85%）里生存的企业家和经理人们，则毫无疑问地遭遇严重的发展悖论：

▶ 1. 难以挣脱的商业世俗逻辑

我一个朋友，原来大学时可谓是书生意气、粪土当年万户侯啊，给自己的目标就是十年之内必然成为国内有影响力的商业领袖！十几年过去了，他也是一个商业集团的区域总经理了，但他却告诉我：永远没有机会实现当年的理想了！

我问为什么，他说："我们不是生活在空气中，几乎每天都要与地方政府、各大供应商打交道，你要为老板的生意负责，所以做的很多是商业外的事情，而这，你又是改变不了的。王石说万科不行贿，走阳光市场路子，那是因为他不仅是经理人，而且还是企业的创始人，他可以！别人不可以！哦，别误会啊，这里不是要说腐败啊什么劳什子，而是说，能做成千亿以上的企业，一定是建立了突破商业世俗悖论的防火墙啊！"

听了他的感慨，我突然有一种醍醐灌顶的感觉。

▶ 2. 难以挣脱的短期业绩要求

就算你有幸入职一家很厉害的商业公司，比如万达吧（只是打个比方），你以前很牛吧，甚至是行业大拿，定位规划、招商运营、营销创新无不精通,但是对不起,你得每月完成集团定下的业绩指标,再谈别的。你说,我来给你一个五年规划吧,五年以后,这个购物中心一定是当地最牛的!

那你肯定就歇菜了,因为没人给你这个时间。你所有的时间,基本上是用来完成每月指标的,每月是要考核的,连续考核不过关,基本上你是要走人的。

拿足球来举例子,斯科拉里牛吧,他执教恒大为什么不去培养年轻人,不去采用轮换制呢?原因就是,他懂得自己的身份,一个普通的经理人而已,是以每场成绩说话的,所以他不敢冒险。那么他的命运必然是:下课,或者虽然成绩不错但因为年轻人没机会,许老板不满意下课,或者干脆就一套阵容累死三军,成绩高开低走而下课。

于是,职业经理人的新常态仿佛就是:**下课,跳槽,再下课,再跳槽。**

▶ 3. 难以挣脱的营销促销依赖

做商业的,一说营销、促销大家眼睛都绿了,这似乎成了现在购物中心、百货商场不景气情况下的工作抓手和救命稻草。比如有一年,万达整合线上线下资源搞年中庆,我们的微信朋友圈都被刷屏了:飞凡商业联盟短短三天促销客流达到5亿,销售额达到120亿,等等。接着,又有小道消息传出,一些商场公然刷客流,好像"双十一"刷单一样。你会发现,促销成为了多数商场总经理的核心工作。

古代有一句话叫:**家贫显孝子,国乱出忠臣。**我在这里特别想再加上一句——**二三流企业出营销大师!**

不过话说回来,万达商业的地位、发展引擎是第三代产品创新、标准化及信息化集成的结果;而阿里巴巴的牛,也绝对不是因为"双十一"而牛,恰恰是倒过来。

您见过一流企业和品牌是营销出来的吗?透过现象看本质,我的答案是没有。

现在很多人拿联想与华为对比,当年这两家公司无疑是企业界的北乔峰、南慕容,我们都知道很多年前联想如日中天,柳传志选的接班人杨元庆既有宏远战略胸襟又有得体的言谈举止,既能使整个团队其乐融融又能纵横捭阖收购扩张,总之,联想电脑那时奠定了这几年世界第一的地位,而那时的联想手机虽比不了诺基亚、三星等,但也算国产的佼佼者;而彼时的另一家企业华为,还连手机的门都没摸到,总体营收也比联想略差。

很多年过去了,华为开始发力智能手机,目前已经几乎奠定世界前三名的位置,两家的财报现在已是天壤之别。

我们看经理人团队,不像是娱乐圈看明星,真正卓越的,可能反而是那些扫地僧们。华为统帅任正非有一句话说:板凳要坐十年冷。但这的确太难,难到我们很多人迎着发展悖论却绕道而走。

是的,商业上的悖论无处不在。

我们再来看一个故事吧:说的是某村里有一条黑龙会吃人,每个月都会吃掉一个人,于是村里派人去杀掉黑龙,可是每次去的人都没能回来。后来有一个少年挺身而出,提剑前去为村民除害,过了几天依然没见回来。于是村民们组织一群人去查看,却发现这个少年的身子长出了龙鳞,原来少年杀了黑龙,自己却变成了黑龙!

互联网经济被公认为属于新商业文明。像网约车,起于人们打车难、打车贵的痛点解决,蓬勃于巨量的用户补贴、相对优质的服务、科学专业的算法以及资本风口的追捧,却慢慢成长为另一家具有垄断性的出租车公司,价格不再有优势,浑水摸鱼的人也成了司机,却难以完全被监管;共享单车也曾让人眼前一亮,无论摩拜还是小黄车,是起源于1—3公里的出行痛点解决,也迅速爆发于资本风口和智能锁技术的成熟,然而,车辆堆放和运营低效却成了这个模式的痼疾……这似乎也是一种商业上的轮回宿命,你因为讨厌旧有势力的低效,于是进行了彻底的商业颠覆和变革,等你成功了,却发现自己变成了另一股旧有商业势力。

细思极恐的是,很多互联网大鳄(在此就不点名了)也是如此,你仔细研究会发现,他们创造了新的商业模式,却在发展壮大(或者上市)那一刻,变成了他们曾经讨厌的旧势力。

我们知道互联网思维中有一个思维叫"迭代思维",就是对产品和模式不断修正、不断改进,以适应于新的市场环境和用户体验的变化,甚至是用户本身及其价值的变化。这似乎给我们提供了一个新解,是否可以用商业迭代方法,避免自己变成旧商业势力?

目前看到的是,商业迭代改善和创造了用户体验和用户价值,但还未发现这个办法能使其自身永葆初心。

这个魔咒难道真的无解吗?我们依然不得而知。

> **小结**:战略被重新定义后,不再是事先的规划,而是事后的总结;与此同时,职业经理人的下课、跳槽成为新常态,无论是企业还是个人,不得不面对商业发展的悖论。

二、见证同学风口上的创业

——论利基市场切入技法与基因打造的匹配性

先说一说被誉为未来的共享经济吧,去年我在微信朋友圈有感而发，写了一句拗口的话，来表达对共享经济的理解：分时租赁模式披着共享经济的外衣干着所谓颠覆传统的事儿，而其背后的伏笔则是基于物联网及智能硬件所意图建立的大数据基础上的二次商业生态。我的大学同学曾提醒我，说他正在做一个共享商业的项目，为了商业上的保密，建议我把这条删掉。

近几年一度是商业投资大风口的共享商业模式，本质是，把闲散的社会资源，利用互联网的技术手段聚合起来，通过大数据和算法，使之得到最高效率的应用，从而创造新的经济和社会价值。比如爱彼迎，整合的是闲散的公寓、城堡、别墅甚至树屋的资源，为喜欢旅行的人提供居住的分时租赁服务；还有优步，尽管现在有一些问题，出发点也是整合个人闲置的交通运力，通过专业化手段及大数据算法，在交通高峰或低谷期提供优化配置服务。

但是，目前很多共享商业模式的发展，却经常性地跟我们开着玩笑，玩笑的核心就是上文提到的，做到一定程度的共享商业公司，从革新者的立场起步，到最后却变成了被革新的对象。

更重要的是，共享商业与电商平台类似，基本上都是头部企业的世界，就像当年的千团大战，最后只剩美团、大众点评而已，共享单车亦如此，上百家企业进入，最后都成了炮灰，遑论共享充电宝、共享雨伞、共享篮球等尚未成气候的草根乱战领域。所以，对于99%的创业者来说，共享商业模式无疑是一个大大的坑，甚至刚迈出第一步，还没来得及往前走，就重重地跌进坑底。

在这里，我要介绍一下我大学同学的创业项目和经历，他进入的项目是共享图书，时间是2017年年中，历经8个月左右，最后宣告关闭、转型。陈桂熙本人大学毕业后在一家国内排名第一的家装公司任职高管十多年，最后熬到公司上市，又读了中国人民大学的 EMBA，对于商业创业和经营的理解非常深刻。

项目时间虽短，但是恰逢共享模式资金热炒的后半阶段，我虽未参与，但期间我们两个就思想碰撞、商业试错等方面可谓进行了密度、强度极大的交流，从商业立意、合伙人搭建、硬件技术搭建、软件开发、团队招募、产品测试、产品市场投放等几个环节逐一经历，启发良多。

（一）商业项目立意：从创意到简单测算模型，一个激动人心的项目出现

桂熙发现儿童教育培训和阅读市场非常有前景，教育领域已经有了 VIPKID 等独角兽，而阅读分享市场尚是零散和空白。于是他想做一种智能书柜，用户可以通过手机扫码自动开锁取书，按照每天 1 元付租书费，同时采取会员制，收取押金。

有此想法的当天晚上，他到我的住处三义庙社区，极其兴奋地进行数据模型的测算，把北京市乃至全国重要城市的社区、小学数量做了简要统计，又初步估算了每台智能书柜的成本价，大约 2000 元左右，第一年投放要覆盖掉北京市场，预测仅押金收入就是一个很可观的数字！我也被点燃了，认为这个项目可行，我们两个一直讨论到凌晨三点。凌晨三点的北京你们见过吗？是的，我们见过。

（二）合伙人及团队的搭建：极速奔跑模式下的整合，一切看起来非常美好

雷军说，一个创业者要把 80% 的精力放在找人上。桂熙同学在这方面展现了读过 EMBA 的优势，很快进行了创业合伙人的组建，并且进行了种子轮的融资，他们共确定了四个合伙人，三男一女，都是来自人民大学 EMBA 的同学，并且进行了注册资金

的实缴，种子轮的资金大约是400万元左右，其中陈桂熙和另一位资金实力不错的老龚是第一、第二大股东。

同时，硬件团队和软件开发团队也陆续搭了起来。硬件的关键是智能锁的设计，这方面主要来自桂熙源自内心对产品的理解和使用逻辑，基本上是原创，合作团队则是第三大股东鑫总的贡献，恰好鑫总自己有一个专业团队是做集成开发的，派上了用场；软件就是手机端的App（应用程序），很快也有了雏形。

从桂熙同学完成创意设想到这一步，才刚刚一两个月时间。一切看起来非常顺利，前景可期。

（三）提前融资洽谈：多次接触投资人，获得了比较好的评价和投资意向

在"极速奔跑"中完成了商业模型测算、注册了公司、确立了合伙人及股权架构、初步组建了团队、开启了产品研发等工作，在等待样品出炉进行投放测试的间隙，桂熙把主要精力放在了进一步融资的工作中。虽然种子轮的几百万目前还绰绰有余，但整个团队明白，这个事就是一个赛道拓荒和融资砸钱的事，将来的头部市场之争，关键在于资金投入之争。

有好几次，陈总非常兴奋地谈到，几个投资人对项目很感兴趣，也有投资意向，但需要尽快把产品模型做出来，让人们看到实实在在的东西。

在那个令人憧憬的秋天，我们又多次见到了凌晨和黎明的北京，依然那么灯火辉煌、夜色撩人。当然，彼时的我们并没有太多心思欣赏北京的拂晓之美，从KTV里唱歌唱得哑了嗓子，只好醉醺醺地回家睡觉。而桂熙此时经常握着意向投资人或计划财务合作者的手，一一送上车，穿过即将破晓的秋夜把他们送回家。

大约过了几个月吧，项目的美好前景突然被蒙上了一层压力和阴影：

1. 样品出来后，瑕疵比较多，包括智能锁的设计，很容易被别有用心的人用力拽毁，于是返工修改重做，桂熙亲自跑去廊坊盯制作，反反复复多次，时间又拖后了一个多月；

2. 合伙人之间开始出现裂痕，首先是原来计划推荐担任 COO 的女合伙人，与陈桂熙在很多方面多有意见不合，我也参与过他们的一些小会，大家确立的还是要以 CEO 陈桂熙为总的话事人，但依然难以拧成一股绳；同时第三大股东鑫总，后来并没有实际出资，而承担系统设计的其团队，在产品样品即将出炉的时候，提出每台要收系统管理费，同时制作的报价也高于市场价格，于是陈桂熙和老龚多次跟鑫总洽谈，最后也没有结果；

3. 产品终于出来了，也在中国人民大学等几所高校进行了投放，还进行了免押金、免费借书、免费上传出租自己的图书等促销，概念不错，却没有发展起来用户数量，App 装机量少得可怜，且产品故障频出；

4. 共享雨伞、共享篮球等共享模式开始遭到质疑，同时共享单车也因为低效和乱摆放等问题频频被曝光，一批追随的共享单车公司开始破产，反应到资本市场方面，原来有意向投资的投资人，此时也不再明确表态，而是希望再进一步看看。

桂熙和老龚也进行了多次战术调整，启动宣传推广，启动校园点亮计划，甚至计划面向 B 端市场推销自己的智能书柜，但最后都不了了之。看起来那么美好的事情，怎么会变成这样呢？

后来我们一起聊天，也算是有复盘的意思，大致上梳理了一下此次项目创业之得失：

▶ 1. 共享智能硬件作为技术产品并不是市场，精准用户才是

陈桂熙及其创业团队，后期沉浸于自主研发的智能锁和共享书柜，认为这个是物联网的一个重要入口，将来还会有"二次商业构建的可能性"，比如摩拜单车比其他单车厉害的地方，就是其智能锁，同时也打通了周边大数据，在二次商业生态开发上领先于对手，这也是摩拜走在前面且估值非常不错的原因。

这话没错，然而，在进入一个项目的时候，这些都不是救命的，而是面对的用户和痛点解决才是。最初规划的儿童图书分享，一方面可以避免电子化阅读趋势带来的冲击，因为小孩子的阅读毕竟要以纸质书为主，另一方面对于儿童绘本、教育图书、童话故事等都有分享和借阅的习惯，且能够盘活家庭以小孩子为阅读者的二手书市场。但是很可惜，基于种种原因，他们没有进入到这个市场，而是试图通过智能书柜，改造所有人的阅读习惯。这个就属于老虎吃天——无从下嘴了。

▶ 2. 不怕犯错，而怕不能迅速试错、撕开切入口

共享图书如果要做成平台和生态，正如阿里巴巴总参谋长曾鸣提到的，最难的不是从0到1，而是从0到0.1。在0—0.1的阶段，**最关键的挑战就是如何科学有效地找到切入点**，互联网思维最重要的一点是迭代优化，如果你没有切入点，你连迭代的机会都没有。

以前我们讲万达电商之所以没做成的原因，很重要的一点就是：资源均衡投入，阵型一字排开，却没有抓住用户痛点进行切入、解决，因此无法创造用户新价值。我看到曾鸣关于战略和战术的阐述，突然有一种醍醐灌顶的感觉，虽然我本人并没有去创

业,也没有做出多么伟大的事业,但是道理是相通的,灵魂上的认知如同被电击了一般。

他说:在0—0.1阶段,不要追求干净漂亮清楚;在这个阶段,战略是讲不清楚的,更不用说业务模式和收入模式,这是一个逐步磨的过程,要先从边缘的软柿子开始捏起,捏多了,你自然可以捏更硬的。

这个阶段一定不是盲目试错,绝大部分跟风的人是瞎打盲撞,完全没有积累,死了还觉得冤枉;这个阶段的试错,是通过实践对未来的假设(Vision)不断地进行试验和调整,直到找到未来在今天的"映射点",从这个点切入,最有可能演化到未来,这是个聚焦的过程。

毫无疑问,桂熙他们团队是犯了不少错误,但这些试错,并没有成为找到切入口的蓄力和准备。桂熙团队讲了很多战略上的东西,如物联网、二次生态构建,甚至是图书内容打造等,但很可惜的是都没有落地,**最关键的是,没有找到有效的切入点,也没有集中起来有限的时间和资源,去饱和攻击这个切入点。**

▶ 3. 团队合伙人要建立起VISION和规则,且不只是利益的结合

记得当年万达联合腾讯、百度成为新电商公司,王健林也曾问过马云,说我们现在梁山聚义,想问问你这个玉麒麟卢俊义愿不愿意加入呢?马云笑着回绝了。他认为,如果没有共同的使命和愿景,只是资本积聚在一起,那只是乌合之众。后来果然,百度、腾讯相继撤出,万达电商一路坎坷。

桂熙团队四个合伙人都是来自人民大学EMBA,一女三男,且各有不同分工:桂熙管战略、模式、融资、软硬件架构逻辑等,老龚心细且有丰富经商经验,且在管理性格上能与桂熙形成

互补，鑫总也有自己的公司，能够接起技术研发和硬件制作的业务，另一位女合伙人则有相当不错的市场拓展经验，可以负责市场运营。后来还有一位南开大学的高才女士（也是人大 EMBA）加盟负责人力资源，看起来像是一个很完美的团队组合了。

但背后的情况却是：种子轮出资，只有桂熙和老龚按时实缴，其余人并未实际出资，这在一定程度上影响了合伙人的共同的心态；桂熙在战略上过于分散精力与资源，团队在执行力上不尽如人意，因此彼此之间的信任度慢慢地降低；最关键的是，老龚、鑫总以及另一位女合伙人，都有自己的公司，很难全力以赴投入到项目上来，而当创业前景不妙时，并不是每个合伙人都去想如何牺牲、付出解决问题，而是最大限度地保护自己的利益。

这个情景如果出现在创业成功以后的时期，还有情可原，但是创业伊始便如此，无疑是埋下了失败的种子。

我曾经参与过桂熙团队的非正式会议，在饭桌上我也提议他们建立合伙人的合伙制度及议事规则，包括 CEO 的权威及否决权问题，甚至是要明确共同的愿景使命，但是很可惜只是纸上谈兵而已。

后来我想，一个创业企业失败概率是非常大的，而创业成功的概率才是极其小的，所以首先要对创业本身有敬畏之心。有了敬畏之心，你可能才会静下心来，体察自己的模式和市场，才会有战略定力；有了定力，才能够召集真正的合伙团队，从而形成独特的价值使命和对内对外的号召力；有了定力和号召力，才能不被很多表面现象迷住眼睛，才能清楚地找到自己的利基市场；找到了利基市场切入点，才能有效组织时间、资源去饱和攻击，撕开口子，闻到猎物的血腥味。有了血腥味，你才有机会进入到梦寐以求的收获的猎场。

趣店的罗敏说过一个比喻，他说他进入到大学生分期付款领域后，感到就像进入到了一片丰收的金黄色的稻田，他要做的就是，疯狂收割。

是的，疯狂收割，在见证了无数次城市凌晨以后，忽然见到了属于你的金黄色的稻田，想想多么令人激动不已。但是，这种命运的眷顾，是起源于敬畏之心、战略定力、使命赋予、利基市场、饱和攻击……德不配位，必有余殃，我们总得让自己配得上她才行。

> **小结**：失败，如何才能成为自己最有价值的养分，很值得思考。要做风口上的成功者，敏锐地找到自己的利基市场是最重要的。怎样才能具备这种杀手的敏感度呢？资源、人脉是靠不住的，唯有敬畏之心和愿景使命值得体悟，而最核心的竞争力，或许就是一种独特基因的打造。

三、跟一个很重要朋友的聊天

——经营的最高境界或是基于信仰的使命感

我这个重要的朋友叫于洋，是个很好的编剧，像《大熔炉》《打土匪》等电视剧都是出自他之手。他虽然是在文艺圈，但对于商业经营却有独特的见解，尤其是给予我的启发非常大。比如用人是一门学问，而于老师就曾借某电视剧中李鸿章的口说到用人的学问：不用人唯亲，难道我要用人为疏？

用人的学问，你不用心体察，是断然领悟不了很多的，马云有句话说的是：用人要疑，疑人要用。与"用人不疑、疑人不用"一样，真的都是满满的智慧。

用人的前提是识人。于洋相信每个人各有其独特命运，比如我们说过对于中国人来说最重要的人物——孔子，他基本上是几千年来中国历史中认知上的高峰，而从经营功业的角度，于老师认为孔子也是一位了不起的经营大师。

一次小酌之后，于老师曾给我们几个朋友出过一道题：如果你有机会穿越时空面对孔子，你会跟他说什么？

我后来的答案是下面的这些文字，也就是在写作下面的文字时，我忽然感受到了孔子的另一面——作为某种意义上经营大师的至高格局和人性魅力：

孔先生，您好！我怀着无比崇敬和仰慕的心情，也带着试图接近和了解您这位至圣先师的想法，来跟您做这样一次穿越时空的促膝长谈。

从后来几千年的世俗观角度看，您可以说是一位达到了成功的最高峰的人。不要说什么帝王将相，也不要说什么商贾巨富，更不要说什么才子佳人、影视明星，那些人与您相比，简直差得不是几条街的问题。"天下文官祖，古代帝王师"，说的就是您的地位。您是我们中国唯一可以与释迦牟尼、耶稣、穆罕默德等人并肩的人。

虽然从"立功、立德、立言"的角度，您是一座难以企及的高峰。但是，我们知道，您生前过得并不好，甚至可以说是很不好。

您一度穷困潦倒，郁郁不得其志；您周游列国，向那些瞧不起您的国君和达官贵族们讲述"治国平天下"的理想和方略，却处处碰壁。坦白讲，您活着的时候，绝对不是一个成功人士。您没有钱，也没有多少权，一生漂泊、居无定所。

我特别想问您的是：对于那些经历过的坎坷、曲折甚至屈辱，您当时是怎样排解的？您对自己的一生有过后悔吗？

估计您的答案是，您绝不会后悔。因为您说过：不义而富且贵，于我如浮云。您的核心思想是"仁"，仁者爱人，推己及人。这个"仁"，就好比基督的"爱"，只是更具体，更社会化。

您是一个非常积极的人，由您创立的"儒学"，更是一种积极入世的大学问。为了治学、治国，您广泛学习，向老子和《道德经》学习，向《周易》学习，向诸子百家学习。或许，您想到了一点：失道而后有德，失德而后有仁。

所以，您是赞同"道可道，非常道"的，您也认识到了道失、德失的社会现状。于是，您从"仁"出发，提出了以此为核心的理论体系和社会秩序；您还编制"六艺"——礼、乐、射、御、书、数，建立了初步的教育系统；您修《诗》《书》，定《礼》《乐》，序《周易》（称《易经》十翼，或称易传），改《春秋》，留下了完整的思想和精神财富。

可能很多人会说您过于古板、迂腐，我想他们一定是弄错了。您其实是一位非常风趣、幽默而又健谈的人，虽然您历经磨难，却永葆积极乐观的人生态度，也不是一个墨守成规的人。我们都知道，您有三千多弟子跟随，其中，有七十二个人成为当世大贤。如果您是个枯燥乏味的人，会有那么多人跟随吗？

举一个"子贡问时"的例子就可以说明。

朝，子贡事洒扫，客至，问曰："夫子乎？"曰："何劳先生？"曰："问时也。"子贡见之曰："知也。"客曰："年之季其几也？"笑答："四季也。"客曰："三季。"遂讨论不止，过午未休。子闻声而出，子贡问之，夫子初不答，察然后言："三季也。"客乐而乐也，笑辞夫子。子贡问时，子曰："四季也。"子贡异色。子曰："此时非彼时,客碧服苍颜,田间蚱尔,生于春而亡于秋,何见冬也?子与之论时,三日不绝也。"子贡以为然。

这段话,我就不解释了。您看,您是一个多么审时度势、"见风使舵"的人啊!(偷笑)

虽然您一度穷困潦倒,但按照现在的审美眼光,您是一个拥有非常好的身材的人,特别是您的身高达到了一米九。女士是一白遮百丑,男人则是一高遮百丑。您如此高大魁梧,当时一定有很多女孩子喜欢您吧?

估计您的答案让我们失望了。我们知道,您的婚姻并不幸福,在您周游列国或者居无定所的时候,我们发现,您并没有像那些风度翩翩的风流才子或成功人士一样,您身边没有三五个红颜知己跟随左右,甚至一个都没有。不知道是不是因为这个原因,才导致您说过那句"唯女子与小人难养也"的千古名句。

您去世后几百年,汉朝开始"独尊儒术"之后,您成为了两千多年来最有魅力的"国民男神"!

后来,您的思想被越来越多的人演绎和解读,包括宋代的大思想家朱熹等,而儒学也被贴上了"存天理、灭人欲"的标签;再后来,基于您的思想和学术体系所形成的人才选拔制度——科举被废除了,一百年前新思潮澎湃时,有人认为您的"儒学"是中国完成现代化的最大障碍……

当然,您对于这一切并不会在乎的。因为那些标签,是别人眼中、口中、笔下的您,并不是真正的您。最近的传统文化及儒学新兴,又把您捧到了巅峰,虽然任何巅峰的高度您都是担当得起的,但是,我想您仍然会认为,那是他们眼中、口中及笔下的您,并不是真正的您。

最后，我想说的是，谢谢您，孔先生，几千年的荣与辱过后，您仍然是最有魅力的"国民男神"，中国历史上极具价值的IP，没有之一。

人们都知道IP的重要性，但并不知道的是，IP的核心是社会价值贡献，甚至是生命价值贡献。经营的最高境界是什么？我觉得应该就是你相信什么，就为其付出毕生和所有，换句话说，经营的最高境界是为信仰和信念付出所有的生命智慧。

我跟于老师半开玩笑地说，我们承认自己做不到，也就说明我们尚未达到经营的最高境界。

当然，最高境界之外，我们还可以谈战略规划、战术策划、团队建设等经营层面。而历史人物中，还有两个极具代表性的经营者形象，那就是诸葛亮和司马懿，这两个人不以最后的成败结果来论的话，单从经营策略和技战术实力上，究竟谁更强呢？我们来看一下。

（一）远景规划的能力

诸葛亮的远景目标是"北定中原""兴复汉室"。我们不能强求古人有现代思想，但是，历史上看，几乎没有打着恢复前朝面貌旗号的远景目标获得成功的例子。就算五代十国时期，我们曾有过唐、汉、周等朝代重建，史称后汉、后唐、后周，但这也不过是昙花一现，绝对谈不上复兴；至于南唐虽有后主李煜能写诗词，终不免"落花流水春去也，天上人间"之憾！而那些反清复明、王朝复辟的梦想，更是被风吹雨打而去不复见也！

司马懿之前的目标也是汉室匡扶，但随着曹魏权盛，他逐渐进入了魏国的权力阶层和领导班子，目标便调整为"大魏一统"，并且历经曹氏四代君主；后期有过高平陵兵变拿下曹爽，为后世篡位打下基础，不过这是他死去很久（14年后）才出现的。这一点上，司马懿跟曹操略似。

当然，不可否认的是，诸葛亮的兴复汉室，其实就是结束战乱、天下一统；司马懿虽捍卫"大魏一统"，但多数时候，他可能将自己的内心愿望藏了起来。

评定：远景规划上诸葛亮略强于司马懿。

诸葛亮★★★★☆（四颗半星）

司马懿★★★★（四颗星）

（二）战略谋划的能力

诸葛亮的战略谋划从隆中对开始，未出隆中便知天下三分。综合来讲，诸葛亮的战略核心是两点：（1）先谋取三分天下；（2）后联吴抗曹。

由于刘备在有诸葛亮之前几乎没有什么根据地，在拥有诸葛亮之后，逐渐占据荆州、汉中、益州三大战略要地，分兵由关羽、刘备、诸葛亮驻守，互为掎角之势，于是后人多称赞诸葛亮的战略智慧。不过，这其中，隐含着一个致命的错误：那就是千里之遥而三分兵力。毛泽东就曾指出过这个错误，他认为应该集中优势兵力各个歼灭敌人，而不是分兵把守，被敌人各个击破。

同时，在战争时期，占领多少州郡并不重要，最重要的是利用不断变化着的形势，去消灭敌人的有生力量。而这一点，是诸葛亮所未料及的。

司马懿在最初的战略谋划上是逊色于诸葛亮的，因为诸葛亮跟刘备做的是从零到一，而司马懿后来做的是从一到多，所需要的智慧能力略有不同，前者创业艰难，后者借势打力。

不过，由于司马懿的经历和隐忍，使他得到了战略上最为宝贵的东西，在电视剧上由荀彧的口说了出来，那就是"形势"

"人心"。最后，司马懿熬死了各种厉害的竞争对手，自己就变成了形势和人心。

评定：战略谋划上司马懿略胜诸葛亮，前两局打成二人平手。

诸葛亮★★★★（四颗星）

司马懿★★★★☆（四颗半星）

（三）战术打法的能力

这一点上，应该说诸葛亮是要远高于司马懿的。从诸葛亮的攻击手段上看，他最擅长的是诱敌深入，然后火攻。当年刚一出山就屡次用火攻这个战术打败曹操，在获取益州后平定南方孟获时，也多次用诱敌和火攻，杀死敌人无数，后来用这个战术引诱司马懿大军到上方谷，也差点成功。

同时，诸葛亮军事训练和排兵布阵也是一流，敌人多次在两军对垒之时，看到蜀汉大军阵型凛冽、士兵精神抖擞，都不得不发出"诸葛亮果然用兵如神"的感叹！

所以，司马懿在面对诸葛亮北伐时的基本态度就是：据守不战。一方面，他了解蜀军远来攻击，粮草是个大问题，对方要速战，他就偏偏不如敌愿；另一方面，他也知道，在具体对阵和战术攻击时，自己并不是诸葛亮的对手。有时候，司马懿大概会想，你诸葛亮分明是用了"外挂"嘛，那些八卦阵，那些木牛流马，那些夜观天象和禳星借风，说不定哪一次就让人中了招啊！好好好，我就耗着你吧。

评定：战术打法上诸葛亮胜出，不解释。

诸葛亮★★★★★（五颗星）

司马懿★★★★（四颗星）

（四）内政外交的能力

内政外交的能力也就是公关和管理能力吧。对外公关上，毫无疑问也是诸葛亮略胜一筹。他提出连吴抗曹，并亲自到孙权处进行公关，使得吴国与曹操打了一次决定三国命运的赤壁之战；在南方，他七擒孟获，并提出和平共处的民族政策，稳固了后方。司马懿也有过一次出使东吴的经历，也还不错，但与诸葛亮比，纵横捭阖的外交能力上是差一些的。

内政管理方面，司马懿其实很强。司马懿帮助曹丕创建新型的士族官吏选拔制度，也注重屯田和水利，一系列强国措施使得曹魏蒸蒸日上。诸葛亮则是严格吏治，举国为兵，集大权于一身，虽然有利于统一调度，却让蜀国失去活力。

评定：内政外交综合评定，两人平手。

诸葛亮★★★★☆（四颗半星）

司马懿★★★★☆（四颗半星）

（五）团队建设的能力

诸葛亮的用人上失误比较多，如果说早期让关羽守荆州还情有可原，那么后来用马谡守街亭则是用人失察了。同时他相马不赛马，从一开始就断定魏延必反，最后逼反并杀掉了这名其实可以延续蜀国国祚的将帅之才。

另外，"蜀中无大将，廖化作先锋"，也是对蜀国团队建设不力的最好诠释。大树底下好乘凉，大树底下也寸草不生。在人才培养上，诸葛亮有明显的短板。

司马懿则好得多，他的儿子司马师、司马昭有王帅之才，大将张郃、夏侯霸、郭淮等皆能征善战，而学生邓艾、钟会等人也都是王佐之才。司马懿与诸葛亮斗法，用一个"熬"字生生熬死了诸葛亮；而被寄予厚望的诸葛亮的衣钵传承者姜维，则直接败在司马懿的学生邓艾手中，蜀国也直接遭受灭国之灾。

评定：团队和用人上，司马懿胜出。

诸葛亮★★★★（四颗星）

司马懿★★★★★（五颗星）

先用这五项来做对比吧。其实，还有一些非战力的对比，诸葛亮则明显高于司马懿。比如"鞠躬尽瘁、死而后已"的沥血实践，比如前后出师表一挥而就的文辞和决心，比如个人修为乃至于圣的宁静与致远，等等，这些都是司马懿所不能及的了。

《虎啸龙吟》中，司马懿曾迷惑地问诸葛亮：您曾在信中写给孟达的"依依东望"，究竟望的是什么？诸葛亮笑而不答。

不断获得权力又不断老去的司马懿慢慢明白，诸葛亮的依依东望，望的是毕其一生，是时间。然而，到最后司马懿也开始回望自己的毕其一生，终于恍然大悟，原来依依东望，望的是：天下，人心。

原来，说到最后，高手过招还是基于愿景、使命和价值观的争夺。

当然，我跟于老师还谈到了很多古今中外名人，如周文王、刘邦、曹操、毛泽东、爱因斯坦、乔布斯等，十分感慨于人类文明经营史上这些大师级人物所达到的高度。限于篇幅，在此无法一一展开描述了。

小结：所谓经营上的基因，代表了经营的本性和境界，其实也是人格的高度和境界。经营的最高境界是信仰，其次才是战略。比如，内圣外王曾是中国人的经营境界，"think different"则是乔布斯们的经营境界，沉下心来以至于听到某种召唤，才有机会去考虑做正确的事，还是正确地做事。

第二章　做正确的事，还是正确地做事

导读概要

1. 企业发展早期，做正确的事更重要；当企业规模达到几亿元以上，正确地做事的重要性更加凸显；而在转型期，做正确的事又上升到绝对优先的地位。

2. 对于企业中不同的角色来说，两者亦有不同：企业家更要关注做正确的事，高管们要确保做正确的事，又要确保把事情做正确，多数中基层管理者和员工，则应将更多精力投放在正确地做事上。

3. 两者互为支持，甚至互相转化。

4. 营销、管理、战略转型，这是企业经营最关键的命题，其中的辩证关系是：营销、管理是术，有其自身逻辑和正确方法，然而其又是道，营销首先依赖于品牌的价值大厦建设而存在，管理则依据经营和转型的性质而变化，这一切又建立在企业家和职业经理人的认知能力基础上，而由于知识向市场价值转化的速度倍增，认知则被提到了商业经营的决胜链顶端。

一、营销依赖症

——营销依赖易带来价值撕裂,而其发展方向则向价值深耕和用户时间争夺转移

(一) 营销术,本质上是一种说服

我们发现有这样一个现象,现代的企业,无论它从事的是什么行业,也无论是大公司还是中小型的公司,几乎都会设置一个营销的部门,或者叫市场部,或者叫企划部,或者叫策划部,或者叫营销部,等等。这个部门区别于经营部门,又与经营业绩有一定程度的挂钩,区别于类似于开店或招商性质的市场拓展部门,但又是对市场提供重要支持的部门,这些营销部门有的涵盖了品牌推广和公共关系,有的甚至与政府外联结合密切。

《人类简史》的作者赫拉利说过,人类之所以能够走上食物链的顶端,会讲故事的能力起到至关重要的作用。什么是会讲故事?赫拉利拿宗教举例,他认为如果一只大猩猩对另一只大猩猩说,你把这根香蕉给我,死后就会进入天堂,那里有吃不完的香蕉,大猩猩当然不会相信这样的故事。只有人类才会有这种想象力,才会相信这样的故事,并因此修建了大教堂,修建了清真寺,数以百万计的人共同崇拜某一个上帝或者真主。

再比如苹果公司,制造出苹果手机,让消费者去相信并使用;如果这个公司一夜之间产品全部被销毁,公司办公大楼和园区也不复存在,但是当人们看到那个被咬了一口的苹果的标志,还会对这个苹果产生心理联想,此刻假如 CEO 库克出来告诉大家,苹果公司会重建,产品会继续生产,售后服务承诺不变,一定会有相当一部分人选择相信。这就是故事的力量。

从某种角度看，我们古代有非常强大的营销传统，如春秋时期的纵横家苏秦、张仪，凭借三寸不烂之舌可以合纵连横，影响大国局势；诸葛亮在出山之前，也巧妙地通过民间口碑，达到让社会知晓的目的。这个传统延续至今。所以，当你看到我们国内多数企业都有对营销的依赖，就不足为奇了。

不过，几千年来的营销多是作为一种术而存在，我们知道，现代营销学并不是诞生在营销之术盛行的中国，而是诞生于19世纪末20世纪初的美国。科学和技术是两个层面，譬如说我们有举世闻名的四大发明，也有相当多留传下来的技术书籍如《天工开物》等，但是没有孕育出科学。这是个很有意思的现象，营销术我们不差，营销学可能我们需要好好学。

近些年来，以互联网带头的各界的营销大战刷新了营销的量级和规模。比如，阿里巴巴搞过"西湖论剑"、网商大会、"双十一"等，最妙的就是马云能把每个营销甚至促销的节点，做成声势浩大的故事，一个促销的"双十一"，硬生生做成了一个全民的消费时点，一场商业春晚，这个营销的能量级别够高，对实体商业的营销也贡献巨大。我举一个例子，我们华宇时尚购物中心2017年"双十一"，居然创造了年度单日销售纪录，超过了以往的旺季圣诞节、春节、情人节和店庆！另一家电商巨头京东，促销重点是打造"618"，属于紧随其后制造的另一个商业消费时点，也还不错，实体商场在这一天也能通过促销提升业绩（以我所在的北京华宇为例，大约能提升70%吧）。

说到京东的崛起，人们会记得当年京东与苏宁的大战。据说当年京东为了抢占家电市场份额，主动挑起了营销价格战，还成立了"打苏指挥部"，很明显是一场有组织有预谋的挑战，是基于其整体战略目标的系统布局。然而苏宁有些被动，更多的还是采取控制供应商的办法，即不允许与苏宁合作的家电企业进驻京东，已经进驻的要求作出选择，同时在价格上继续压低以提高竞争力，苏宁的张近东还曾发文称：如果苏宁做不过京东，就把企业送给它。这场大战的结局我们都知道了，以京东的最终胜出而告终，"618"也成为了京东创造的重要消费时点。

有趣的是，京东作为互联网企业，与苏宁、国美这样的传统企业比，还是有高出一筹的营销和公关策略的，然而与阿里巴巴比，却是逊色不少。阿里是撒豆成兵、拈花成剑，马云的特质就是顺手拿起的东西都是可以炒作的，大有四两拨千斤的意味，京东则是有点硬桥硬马，刘强东的演讲也都显得实在，然而总觉得有点用力过猛的意思。

（二）营销的困境，来源于营销依赖带来的价值撕裂

营销上用力过猛，不是一件好事。尤其如果一个企业频繁促销，又缺乏创新性手段而频频模仿别人的做法，特别是互联网企业变成跟传统商业一样的促销节奏和模式，那么，基本上就可以判定这家公司离伟大的成功远了。我们可以对号入座，现在的唯品会日益变成了一家传统商业公司，而一度在风口浪尖上的聚美优品，也陷入了业绩下降、市值暴跌的境地，即使是近几年一直尝试转型的苏宁易购，经常在户外或电视、网络上看到其营销、促销的广告宣传，但是总感觉差那么一点点劲儿。

我当年在万达学院做培训讲师，专门讲过营销企划课。当时我给出的营销定义是：营销企划不是单纯的创意行动，不是纯粹的促销活动，不是概念秀，不是标题党，也不是销售任务完不成后的救命稻草！它是**结合自身市场定位与竞争环境，整合手中各类资源投放，分析营销时机和竞争突破点，围绕月度、季度、年度甚至更长期的经营任务拟定目标，制定有效企划策略并细化实施，以达到完成任务、实现目标的系列对外市场行动**。

这一套企划逻辑实际上是万达商业营销企划的总结，在一定时期对于万达百货包括万达广场的快速扩张、快速进入经营成熟期，起到过很重要的作用。然而慢慢地，我在实际经营中发现，做了那么多年的企划营销工作，却进入了一个困境：

1. 多数企业由于经营压力，导致营销节奏过于频繁，于是活动多、时间长，营销人员疲于应对，活动效应日益降低，顾客满意度也越来越低；

2. 策划中期望一招制敌，通过 SP（strategy plan 的缩写，广告投放战略策划）、价格战解决客流和销售问题，但低价促销成为双刃剑，最后使得企业丧失竞争力；

3. 尤其现实的是，现在 90% 以上的促销活动，尽管从客流或流量上看数字漂亮，甚至销售也创新高，但从财务上的投入产出看是不划算的，促销期的促销利润低于正常经营利润（促销利润即销售毛利减去营销费用）。

然而，就如同吸烟有害健康却很难戒掉一样，企业也同样患上了营销依赖症。尤其是信息爆炸的今天，博得关注、博得用户时间成为一种经营惯性，甚至为了博取眼球，哪怕有损于品牌价值和经营策略，也顾不得了。这里面的悖论就是：**如果你太在意眼球经济、广告效应、股票价格，那么就有可能陷入过度依赖营销的窘境，甚至有面临经营动作变形、品牌价值撕裂、创新流于表面的危险。**

互联网加眼球经济时代，营销学的适用性也在发生变化。大家现在信奉一个理论：找市场第一的开战，借以提升自己的市场地位，从而打掉后面的竞争对手，也就是人们常说的第一第二名开战，第三名死了。现在产品和营销对于用户时间的争夺进入白热化，尤其是平台型企业，只能是头部公司活下来，其余的基本上会是炮灰，所以赛道上的企业不遗余力地在资本助推下，把营销作为救命稻草。然而这是一场危险的游戏，过热的营销助推可能会使行业发生误判，对于风口的追逐也会成为某些企业的战略，而风口转换又很快，所以那些营销主导型甚至带有投机色彩的公司将会面临大问题。

（三）营销的专业深耕

然而越来越多的营销专家鼓吹营销的作用，并给予营销企划以 IP 和标签化包装，用户的碎片化时间成为营销的重点，抖音、头条、朋友圈等新媒体成为营销的载体，打造时尚或专业达人形象成为营销的方向。

从营销上讲，为企业或品牌打造某个专业领域的达人形象，是营销传播成功的前提。比如运动服装喜欢找足球明星代言，如梅西，就是因为梅西代表了体育运动专业达人的形象，而且是世界级的。

我有一个观点：年轻人今后成为社会精英主要有两个方向，一个是成为专业领域的学霸或领军人物，一个是成为有一技之长的达人。

学霸不仅仅是学习好，还代表着所在专业领域的知识、技术和变现能力。21 世纪以后的企业家和创业者，厉害的多是学霸型的精英，而非以前传统的老谋深算的生意人，譬如百度、搜狐、华大基因、大疆无人机等公司，创始人或其团队核心成员要么是某技术领域的专家级人物，要么手握关键技术的专利和知识产权，这样的企业一开始就建立了较高的竞争壁垒，在经营中也多以技术创新、产品创新、模式创新为主，并不怎么依赖营销。

很多人永远成不了学霸，于是达人、明星则是另一条路子，努力从年轻时候起着力打造其他方面的一技之长，如音乐、舞蹈、影视表演、体育运动等，不见得在业务领域多么研究精深，而是能够通过这些特长将自己的形象放大化，赢得粉丝（或用户）的支持。我们说的一些网络主播、T台模特、唱歌跳舞有特点的选秀明星，甚至是自媒体从业者等，都属于这条路上的奋斗者。

这两条精英之路都很艰难，而第二条路让更多的年轻人渴望一夜成名，于是营销的泡沫再度泛滥。做明星、做达人成为年轻人的追求，而且很多人认为通过宣传炒作或者操纵数据便可获得成功。王思聪曾经骂过一些明星为毯星，言外之意就是这些人是依赖营销上位，而非作品。

但这些明星达人们如何能保持商业价值的持久性？答案是营销、炒作、话题不断。这种过度依赖营销炒作的结果，如同企业和产品运作一样，会慢慢丧失掉对业务核心及用户价值的判断，从而使自己很快被替代。

譬如深圳有个早期做电商后来做微商的自媒体人，叫龚文祥，他从一般电商自媒体红人到专业深耕微商领域，实现了成功转型，据说也是轻轻松松每年收入几千万。他的做法是：（1）只专注微电商领域，只负责帮助客户打造个人IP，而非企业形象；（2）每年搞一次千人论坛，建立收费会员制；（3）连续出了几本书，奠定自己行业地位；（4）自媒体内容基本上是用户创造，采取UGC（User Generated Content，用户原创内容）模式。

这些就是属于专业垂直领域深耕，是走向专业达人的关键所在。

反过来，很多学霸级或领军级的企业家也日益注重自己的个人IP形象，如马云、雷军、刘强东等，这些互联网企业家深谙营销规律变化之道，于是他们自己成为了最好的企业品牌代言人。

传统行业企业家对于这个变化一开始有些摸不着头脑，甚至一些低调的大佬们不屑于如此。像我的前老板王健林，多年前非常低调，也很少接受采访，甚至还因登上富豪榜一度准备起诉某排行榜；后来意识到互联网时代的传播规律，慢慢高调了起来；当然再后来因为企业战略调整等原因，又低调了下来。

（四）营销倾向于时间争夺，或成为"奶头乐计划"的一部分

著名物理学家霍金曾说过，哲学已死，因为物理学已经逐渐深入到宇宙的奥秘中，以人文学科性质为主的哲学貌似一下子失去了土壤；营销中的品牌价值诉求、定位理论以及整合营销传播等传统概念，也被很多人扬弃，因为大数据、云计算、IOT（物联网）和AI（人工智能）日益成熟，数据算法成为营销的核心技术和资源，品牌价值难以再通过昔日的故事逻辑和自我规划实现，而或由用户数据甚至是社交数据定义，定位理论则与长尾理论相得益彰。

如果说过去做营销、做品牌是要占领和争夺用户的心智模式，今天的商业营销之争则更侧重于争夺用户的时间。

人类心智模式的生理学基础是，在任意一个市场领域，大脑只能记起前三名左右的品牌，但是没有证据表明大脑不能唤醒对于无限多的细分市场的记忆，也就是说如果不能在某一细分市场打进前三名，你可以通过开辟另一细分市场而实现。所以市场竞争的营销方法通常是：（1）红海死战，通过狂轰滥炸的广告和洗脑式的广告语，持久地占领用户心智；（2）创造细分市场，做第一名，如加多宝在大饮料市场中创造了凉茶市场，于是在消费者的心智中开辟出了一个新战场。

心智模式和时间模式都重在场景塑造，两者彼此相融、互为转化。但很多人忽视了一个问题，就是第一性原理或第一维度的

问题。如果把时间考虑成经营和营销的第一维度，在产品和营销设计上则会更加注重对用户时间黏性或成瘾性的设计。腾讯为什么要封杀抖音，明明是两个不同的市场领域，却为何在马化腾眼中成为威胁？这其中的奥秘就是，两者争夺的是同一个东西：用户的时间。每天亿级数量的人在刷抖音，很多人甚至成瘾，大大影响了使用腾讯产品如微信的时间。

营销上对于时间的争夺，很容易被当成"奶头乐"计划的一部分。这个计划的背景是，人们认为全球化会造成一个重大问题——贫富悬殊，这个世界上20%的人占有80%的资源，而80%的人会被"边缘化"，所以，美国人布热津斯基提出奶头乐计划，在80%人的嘴中塞一个"奶嘴"，采取温情（加色情）、麻醉、低成本、半满足的办法卸除"边缘化"人口的不满，计划之一是发泄性娱乐，比如开放色情行业、鼓励暴力网络游戏、鼓动口水战，计划之二是满足性游戏，比如拍摄大量的肥皂剧和偶像剧，大量报道明星丑闻，播放很多真人秀等大众娱乐节目。

很不幸的是，商业上"游戏化生存"成为一个现象，营销理论的适应性在今天已经被发泄型娱乐和满足性游戏充斥。

当大数据成为生产资料，算法成为主导社会的游戏规则，人们日益逼近基牛顿三大定律、热力学定律及量子力学定律等定律构成的第一性原理，机器和算法比你自己还要了解自己，营销也成为了能够极大影响人们生存状态的手段。

那些疯狂刷抖音、快手的城市青年，那些疯狂迷恋电视真人秀节目的家庭主妇，他们其实并没有意识到，这些在屏幕上的"美好生活"将会基于大数据反馈而被持续定制、优化和推广，无论是用户还是企业，甚至是整个社会，已经被营销了很久。

那么，作为患上营销依赖症的世界，是不是依然美好？我们不得而知。

> **小结**：正确地做事重要，还是做正确的事重要？这貌似是一个伪命题，但对于商业经营格局和方向却十分重要。按照营销规律和计划做好策划、实施，就是正确地做事；但当企业走上营销主导型发展战略，甚至患上营销依赖症时，这时候就需要企业负责人认真考虑如何做正确的事了。

二、管理悖论学

——管理是重要的，而其最重要的意义可能是让管理本身变得不重要

（一）管理基因，是人类最大的秘密之一

本质上，管理也是一种创造故事概念并进行演绎的能力，这些管理的法则被制造出来以后，人们会相信它是真实的存在，并约定俗成地去遵守它，而人类的整体力量就会体现和爆发出来。

譬如说，在丛林里一个赤手空拳的人对付一只老虎，显然人会被吃掉，100个人对付100只老虎，则很有可能人类能够打赢，如果一万人对付一万只老虎，更大可能就是老虎被设计围捕或歼灭。拿破仑说过，法国人与德国人单兵作战很难取胜，但几万人的法国人和同样多德国人都组织起来，拿破仑就有信心战胜他们。这里面的关键就是，人类具有管理的智慧。在人数众多的群体中，他们很快会选出指挥官，强化精神鼓舞，制订战略战术，研究排兵布阵，借助使用武器工具，最后制订具体计划和预案，从而取得胜利。

在中国，很多人都听过一句话，叫"向管理要效益"，充分说明我们足够意识到了现代企业管理的重要性。在生活中经常遇到向我们推销产品的人，稍微留意并做一下区分的话，推销员大致可以分为两种人：其中一种人会说得天花乱坠，能够根据情况来夸大产品质量、功能，且随意承诺价格折扣，另外一种人则说话严谨，有销售政策依据，当然也会对于产品质量功能描述有推广性的渲染，但对于价格折扣不敢随意承诺。你会买谁的产品？前者好像看起来你能够以低折扣购买，后者让你感觉没有便宜可占，但从信任度建立上看，选择购买后者产品的人是多数。

你也可以用这个方法来检验人的智商和靠谱性，如果倾向于购买前者产品，则很大程度上说明其比较容易被忽悠，对世界的看法过于简单，智商较低。当然，还有一个可能，是比较穷。

更重要的是，这两个推销人员反映的恰恰是他们各自企业背后的管理。后者的企业会让你感觉无论是在战略制订、制度流程，还是业务规范、人员培训等各个方面，都是一个正规、稳健、管理有序的公司，从而可以推断其产品和品牌具有更高的价值感。

说到管理，我们不得不说一位大师：彼得·德鲁克，这位生于维也纳、祖籍荷兰、长期定居美国的现代管理学之父，真正把管理实践推到了一个学科的高度，同时在他的管理系统理论实践中，无数企业受益匪浅。

他认为，现代企业是管理中的企业，一个现代企业可以雇佣上万个具有高等知识的人，他们代表着许许多多不同的知识领域：工程师、市场专家、设计师、经济学家、统计学家、心理学家、计划人员、人力资源管理者——都在一个共同的企业中工作，如果不是置身于一个管理中的企业，那么任何人都无法发挥最大的效用。同时只有管理，才使得知识与知识分子能够发挥他们自身的作用，使知识转变成为一切经济实体的真正资本。他曾指出疏于创新是既存组织日趋萎缩的唯一重要原因，而不懂得如何管理则是新的组织走向失败的唯一重要原因。

德鲁克也真正阐述了管理的核心任务是三项：

1. 企业的使命。对商业企业而言，最直接的目的和使命是产生经济绩效，商业企业要把经济绩效作为其特殊使命，因为它必须为了经济绩效而存在；因此，商业企业的管理必须始终把经济绩效放在首位，而且每一项决策和行动都要以经济绩效作为出发点。

2. 员工的成就。管理的任务是靠人来实现的，管理工作的目的就是要使人力资源更富有生产力，使工作更富有生产力。但是与此同时，在当今社会里，这些组织机构也日益成为个人维持生计并取得社会地位、与人交往、实现个人成就和满足个人需求的必要手段，所以，使得员工有所成就显得越来越重要，并成为衡量组织机构绩效水平的重要指标。

3. 社会责任。企业作为社会的一部分，其存在就是为了要向顾客提供满意的商品和服务，"企业是什么？"是由顾客决定的，也是社会造就的，所以企业既要创造顾客，亦要完善社会。

毫无疑问，现代管理学的系统化建立，无疑标志着人类社会进入了一个文明程度更高的层次。

（二） 从鸡汤到我熟知的万达式管理

以前看到很多关于经营和管理的感悟，我们也经常有一些管理经营上的鸡汤警句抛出，而这些词汇语句往往是初入职场对于管理懵懂的了解，在这里大致罗列分享一下：

1. 成在经营，败在管理；
2. 信任＋压力＝快速提升；

3. 忠诚创造了忠诚，信任创造了信任，友谊缔结了友谊，尽责尽职促发了尽责尽职；

4. 团队精神和敬业精神，是企业的螺旋桨；

5. 勇于负责任的人才是一个高尚的人、纯粹的人；

6. 打铁先得自身硬。喊破嗓子，不如做出样子；

7. 高层不等于高高在上，你若高高在上，站得越高，就摔得越重；

8. 员工是镜子，业绩是尺子，领导的实力都在上面写着；

9. 没有沉不了的船，没有垮不了的企业，一切取决于自己，员工要三倍的努力，干部要十倍的努力和压力；

10. 庸者下，平者让，能者上；

11. 常怀豁达之心，常具练达之情；

12. 你能翻多大的跟斗，我们就给你多大的舞台；

13. 你可以不知道下属的短处，但你不可以不知道下属的长处；

14. 你部下的素质就是你的素质；

15. 只有落后的管理者，没有落后的执行者；

16. 纵向管理，横向协调，各负其责，各司其职，分工合作；

17. 企业的管理原则：以人为本，人性化关怀，制度化管理，沟通激励，培训授权，责权并重，赏罚严明；

18. 一样的号令不一样的效果，关键在干部；

19. 企业的最大危机和挑战，不是来自外部，而是来自内部；不是来自竞争对手，而是来自自己，人人都要从我做起；

20. 人人有事做，事事有人做；

21. 因事责人，知事识人；

22. 企业要敢于对自己动手术，不但要找准地方，还要敢于下重刀；

……

我们长期以来形成的认识是：经营是对外，是创造顾客、创造市场价值，那么管理则是对内，是创造团队、创造经营效率。同时，管理和经营重要的是角色分工和定位，拿一个大型企业举例，总部和地方都服从于统一的经营目标和经营战略，然而分公司可能更多是经营者的角色，而总部则多是管理者的定位。

以前我在万达集团总部的时候，经常有人问：你在总部究竟是从事什么工作？我的回答是：营销管理工作。应该说，万达采取的是总部集权管理的模式，恒大也是总部集权管理模式，这个模式在房地产领域有比较大的优势：节点模块化、管理信息化、风险可控化、预算可视化。而我所在的万达百货也部分地采用了这个模式，我曾经也多次参与过管理流程再造的一些工作。

我们曾经对于百货的管理层次进行梳理，确立了**战略、管控、执行三大管理层面**，并做了权责划分，百货总部总经理主要负责战略、重点事项的管控，以及特别业务的执行，百货总部分管副总经理和各部门负责人是主要负责管控，并负责重点事项的执行，而总部其他人员及地方公司主要负责重点事项管控及工作具体执行。战略，上文简要表述过，在这里不多展开，主要就是经营方向、思路、策略、目标、预算等事务的确立；管控在万达则要复杂得多，包括制度制订、流程拟定、规范梳理、标准确立、预算分解、计划分解、节点跟进、培训考核等事项，而执行就是招商、营运、服务、营销、招聘、培训等事务的具体实施。

对于不同的管理角色，也有不同的权限分级，大致一个事项的发起有以下几个层级：事件发起—审核（可能是多个部门或角色审核）—审批—最终决定—监督知情。这里面，发起是要做什么事情的一个立项申请，审核是业务管理的重要形式，审批是基于审核意见做出的同意或否决，是比较高级别的领导权力，而最终审批决定，则是针对这件事情的最高审批人的管理实施，至于监督知情，则是相关部门的知晓权或监督权的实施。

以前我们在万达，还经常说"三度"，就是高度、宽度、深度，相对应于战略、管控、执行，但也可以有更深入的理解，高度就是指做事情的目标、使命、价值观，宽度是指做事情的资源整合，深度是指做事情的专业性。

当然，万达的管理核心还有一个很重要的东西，那就是基于信息化、可视化的模块化管理，我们以前经常说某个事项有没有上系统，就是指有没有录入信息化流程，我个人认为，这个是万达成功的最核心的东西之一。

万达总部集权式管理还带来一个副产品，就是"霸气逻辑"。万达有的领导比较提倡"慈不掌兵、义不掌财"，认为管理就是要严格，管控就是不能出任何纰漏。有时候经营业绩偶有不好，总部所有管理部门都一股脑儿地跟进，让下面应接不暇，地方上有人私下里议论，会觉得总部管理人员太多，反而可能是问题本身，甚至用"一个干活的三个抽鞭子的"来形容。

在今天我们已经意识到，管理是个双刃剑，它不能成为工作的目的本身，否则对于创造力和经营效率，反而可能形成制约和负担。鸡汤式管理固然过于肤浅，貌似针对那些小微企业定制；而有"万达式"管理风格的企业，也不止万达一家，很多中国民营企业包括互联网企业都倡导管理狼性，只是执行力赶上万达的企业不多而已。或许，这种管理模式和工作作风在今天需要反思了，否则容易造成的是表面看起来管理强大，实则过于简单粗暴，又易于被表面现象蒙蔽导致真话难以听到，甚至劣币驱逐良币。

（三）当管理大于经营

我在万达百货济南区域的时候，有一位刚刚外聘入职的高管跟我说，她感觉万达管理很强大，但是团队花费太多时间在办公室做图做表了，开会也过于繁多，口号也不少，反而大家转移了在一线经营的注意力，这样下去挺危险的。她讲的是对的，没几年，济南、青岛的万达百货很快被关闭了，而这个区域的万达广场也没有做得特别好。

所以管理的悖论就来了，没有管理是万万不行的，但管理过度又会严重影响管理效应。

管理专家陈春花教授也认为：当管理水平超越经营水平，企业就离亏损不远了。为什么会这样呢？

▶ 1. 管理如果不能产生绩效，这个管理就是无效的

企业的绩效包含着效益和效率两个方面的内容。对于管理而言，我们需要有好的效益的同时又需要用最快的时间达成这个结果。因此，无论你采用何种管理形式和管理行为，只要是能够产生绩效的，我们就认为是有效的管理行为和管理形式；如果不能够产生绩效，这个管理行为或者管理形式就是无效的，我们可以确定后者就是管理资源的浪费。

很多企业家都认同，企业员工可以分为四类，一是能力强态度好的，一是能力强态度差的，一是能力差态度好的，一是能力差态度差的。第一种与最后一种最容易选择，前者肯定是能产生绩效的人才，后者肯定要淘汰；但第二种和第三种之间，分歧就比较大了，第二种叫野狗，第三种叫小白兔，我们发现一个现象，公司管理越完善，小白兔越多，而企业会慢慢变得迟钝。

2. 管理如果不能做好责权利分配，很难赢

管理需要分配权力、责任和利益，陈春花认为**必须把权力、责任和利益等分，成为一个等边三角形**，在管理上出错基本上都是没有把这三样东西分成等边三角形。

很多管理者喜欢把权力、利益留下，把责任分出去；好一些的管理者把权力留下，把利益和责任一起分出去；也有管理者认为责任和权力以及利益都应该留在自己的手上，根本不做分配。

这些管理观点都是非常错误的。管理是在责任的基础上所做的行为选择，如果是这样的话，我们需要在界定责任的同时，配备合适的资源，并让人们可以分享到管理所获得的结果。因此，基于责任所做的权力和利益的分配，就是最合适的管理行为。但是很可惜，真正做到的企业管理者并不多。

3. 管理如果不能为经营服务，就失去了核心价值

管理既是管控，又是服务，其最核心的价值就是管理始终为经营服务。假若你所处的组织不是以绩效评价的，比如我们的职能部门或者政府部门，那么管理始终为目标服务。因此"管理是服务"是有着非常明确的含义，管理不是为任何人服务，它是为经营（目标）服务的。

在这里，所谓做正确的事，与正确地做事之间的关系更加清晰：做好经营就是选择正确的事做，做好管理就是把事做正确。从这个意义上说经营是第一位的，管理是第二位的。

伟大企业家通常能够敏锐地捕捉到企业发展过程中的管理悖论，并旗帜鲜明地向官僚主义开刀。华为的任正非就曾批评相关职能部门，说绝不能把业务部门逼上梁山，不能动不动就说"你们的什么什么事"，要说"我们的"。他曾在一封电子邮件中批

评财务部门:"不知从何时起,财务忘了自己的本职是为了业务需要,为作战服务,什么时候变成了颐指气使,皮之不存、毛将焉附;我常感到财务人员工资低,拼力为他们呼号,难道呼号是为了形成战斗的阻力吗?"

陈春花更是给管理悖论的解决提供了一个"管理不重要"的思想,她举例痛陈:中国家电企业为什么这么容易亏损,并不是这些家电企业的管理不行,反而是这些家电企业的管理水平太高了,超过了它们的经营水平;我们的大部分企业还在薄利多销的经营水平上,但是很多这样的企业竟然开始了流程再造的努力,结果一定是亏损!我以同样的理由开始担心很多企业的管理培训,因为我常常被企业邀请为员工讲解领导力或者企业战略,我想这样的培训会产生反作用的,因为你给员工的培训超过了员工所承担的责任,这样的培训我称之为"培训过度"。

(四) 管理者的进化

如何做一个优秀甚至卓越的管理者?我认为,要强化"做正确的事"而不仅仅是正确地做事的认知。

在这里,做正确的事是道,正确地做事是术。所谓道,就是——道可道,非常道,哈哈,好吧,我想介绍一下另外两位大师级的管理学家和企业家:一位是来自美国的彼得·圣吉,另一位是来自日本的稻盛和夫。

彼得·圣吉以一部《第五项修炼》封神,而这部书恰恰为互联网时代建立进化型组织和学习型领导者提供了重要方向:

一是自我超越,以磨练个人才能为基础,却又超乎此项目标;以精神的成长为发展方向,却又超乎精神层面;

二是改善心智模式,就是要发掘人们内心的图像,使这些图像浮上表面,并严加审视,即时修正,使其能反映事物的真相。

改善心智模式的结果是，使企业组织形成一个不断被检视、能反映客观现实的集体的心智模式；

三是建立共同愿景，就是建立一个为组织成员衷心拥护、全力追求的愿望景象，产生一个具有强大凝聚和驱动力的伟大"梦想"；

四是加强团队学习，要不断激发个人的能量，促进团队成员的学习和个人发展，做到整体搭配，使力量的抵消或浪费减至最小；

五是系统思考，以整体的、动态的而不是局部的、静止的观点看问题，同时将前四项修炼融合为一个理论与实践的统一体。

看得出，这位伟大的西方管理学家的建议非常有系统性，也直指组织和领导者的"进化关键点"，而稻盛和夫的思想则更注重心性的修炼，他提出"六项精进"，并认为"除了拼命工作之外，世界上不存在更高明的经营诀窍"：一、付出不亚于任何人的努力，这个就不解释了；二、要谦虚，不要骄傲，只有谦虚才能听得到自己的内心；三、要每天反省，从而不断优化；四、活着，就要感谢，有感恩之心，才能鞠躬尽瘁；五、积善行，思利他，利他才是价值本身；六、不要有感性的烦恼，我愿意相信这句话背后的意思是，人要坚强坚定地去做事，不要为情绪左右。

无论是"五项修炼"还是"六项精进"，都是成为卓越管理者和领导者的精进之道。是道，则具有短期时间内恒久的价值；而术，则要看时代的风云变幻了。是的，人们愿意将这个时代界定为"移动互联网的下半场，人工智能和物联网的上半场"，当万物互联，原有的公司边界和管理逻辑还适用吗？

如果说，我们经历过职能型组织，经历着平台型组织，那么,未来可能要经历智能型组织。职能型组织我们最熟悉不过了,专业分工、部门协作,注重标准和规范,倡导"精英式管理和创新";平台型组织则以阿里巴巴、腾讯等互联网平台企业为代表,通过生态系统打造和大数据平台,提供自下而上的共享服务,企业的部门边界有可能消失,而基于大平台的小前端经营管理成为作战单元;智能型组织初露端倪,也是我们组织想象力的关注点,在这个组织中,打破公司边界的网络协同成为可能,共享服务中台从公司内部延伸到外部,产业聚合、创客联盟、算法匹配、网络协同,成为最重要的关键词。

组织的嬗变带给我们的冲击是巨大的,对于管理者的需求也会发生急剧变化。生态型和智能化平台,表面看起来是无序的、低效的、职责混乱的,然而正如《失控》作者凯文·凯利所认为的,这种去中心化的组织,却孕育着快速的进化,更加灵活,富于创新,散发出生命力。管理者也要学习、进化,逐渐从管控角色转变为"赋能者",进而转变为这个组织系统快速运转的"超级节点",提高个人与组织发展相关的信息获取、处理和输出的能力。OK,你准备好了吗?

> **小结**:对于人类的组织优化和领导力建设,管理具有不可替代的作用;然而它的重要性,往往又是通过其并不僭越甚至是甘于幕后的位置感获得的。甚至可以说,管理之所以很重要,就是因为它并不重要;或者说,对于敏锐的经营主导型的企业,管理才重要,而对于固化的管理主导型企业,管理已经变得不重要,反而会成为问题本身。而未来的组织嬗变,又让管理者向赋能者和超级节点转化,这就是所谓正确的事,目前却还没有绝对正确的做法。

三、转型陷阱论

——转型要从第一性原理中获得增长逻辑才可以成功

（一）多数企业的业务转型难以成功

先来看几个典型的转型遇困的例子。

案例一：老字号全聚德的互联网转型试水

全聚德作为百年老店，基于对当年"互联网+"战略的深刻认识，通过资本定增引入 IDG 资本和华住酒店，募集资金 3.5 亿元，交易完成后 IDG 成为全聚德第二股东；获得资本助力后，全聚德开始发力，于 2015 年与重庆狂草科技有限公司合作，研发全聚德北京烤鸭外卖产品，试图打造"互联网+餐饮"模式的"小鸭哥"烤鸭外卖品牌，在 2016 年 4 月正式在北京上线。

然而这次转型最后以亏损失败收场，据年报显示，鸭哥科技 2016 年亏损 1344 万；在 2017 年半年报中，全聚德承认由于运营未能达到经验预期，鸭哥科技已停业。2018 年 1 月 31 日，全聚德发布公告称，IDG 资本计划在 6 个月内减持所持公司全部股份。

案例二：房地产界的早期大佬万通地产转型持久战

十年前的冯仑和万通，属于地产一线企业，与当时的碧桂园、恒大等公司业绩相比，销售额差距只有几十亿到一百亿而已；如今的万通，距离恒大、碧桂园这些几千亿大佬，中间差的可是几千亿的额度了！

这十年来，冯仑先生出书、演讲，地产哲学家江湖闻名，而万通地产则在掌舵人冯仑的思路下实施了持续转型：2009 年前后，万通地产便开始大力开发商用物业，2010 年，万通地产称围绕转型与增长这一主题，遵循"滨海新区、美国模式、万通价值观和打造绿色公司"的战略方针，在巩固住宅业务的同时，加大力度开发商用物业，并开拓了新的融资模式；2011年4月15日，万通地产在一次新闻发布会上正式宣布向商用物业转型，称未来5年（至2015年），商用物业开发面积将超过100万平方米、总投资约150亿元，持有投资级商用面积超过50万平方米，目标年租金收入11亿元。

然而，到2015年万通地产的商业项目租赁收入只有1.87亿元，2016年房屋租赁营业收入进一步降到1.58亿元，截至2016年年底，万通地产投资性房地产总额为5.61亿元，这离2011年提出的总投资150亿元、年租金收入11亿元的目标相距甚远，转型宣告失败。

然而，万通的转型并没有结束：据其2015年年报显示，万通地产将打造全新的"万通生活家"品牌，通过这一平台实现地产服务业的转型升级，在物业管理、健康管理、体育、教育、文化等方面谋求新的发展；2016年，万通地产又明确实现房地产业务向地产金融服务型的第三产业转型升级，为实现这一转型目标，2017年6月，万通地产全资收购了中融国富投资管理有限公司，试图促进公司主营业务发展，提升公司的市场竞争力和可持续发展能力……这些转型效果如何？目前还不得而知。

案例三：全球最知名的公司之一通用电气的数字化转型

早在2011年，通用就着手对公司进行一系列数字化改造，比如通过在产品上植入传感器、搭建物联网平台，来改变工业产品的传统销售模式；在公司内部引进数据化系统，更好地促进销售和供应商之间的联系，等等。

这些做法虽然得到了媒体和专家的肯定，但是投资者并不买账，因为公司的股价一直持续低迷，就连当初大力推进改革的通用电气 CEO 杰夫·伊梅尔特也在 2017 年年底黯然离职，新上任 CEO 做的第一件事情就是削减开支。

通用的数字化转型遭遇到重大挫折。

这些并不是少数的个例，现实中有很多企业都进行过不同程度的转型，并在转型中受困。著名的譬如万达的电商转型、苏宁的互联网转型、恒大的食品行业转型等，还有无数传统企业的电商转型，以及越来越多企业的数字化转型，这些转型企业和转型项目，并没有取得令人信服的成功，仿佛陷入了"不转型等死、转型转死"的转型陷阱。

那么，为什么企业会遭遇这种转型陷阱呢？

（二）转型为什么会成为最大的坑？

我们知道，转型是一种战略选择，但同时又不仅仅是战略。前文我提到过老东家万达的转型，其中每个项目都是几百亿元投资的文旅产业便是集团层面的重大转向。然而至少到目前，万达文旅并未获得成功，且于 2017 年年底彻底卖掉了十多个大型万达文旅城。

万达从住宅地产转型商业地产相当成功的，持续的战略执行使得万达商业一跃成为全球第一，为什么转型文旅却未获成功呢？

万达商业的成功，我在自己的第一本书《我在万达这七年》中提到过个中原因，其中最主要的是两条：一是完善了信息化模块化管控措施，使得商业建设和规划运营的各个环节可控，这个本质上还是地产模块化的成功；二是万达商业真正走出地平线驶入快车道的核心产品——第三代万达广场产品，也即被称为 HOPSCA（城市综合体）的产品模式，这个才是最核心的东西。而万达文旅项目，却并没有打造出核心产品模式，也无可以延展的独立IP,更多是融合当地旅游文化资源的地产整合,如有专业人士指出的,万达转型文旅艰难,更主要的是想象力和创意的缺乏,而长期以来形成的基因依赖,使得自己的脑袋太硬了,以至于超强的执行力变成对自己更大的杀伤力。

兵强马壮的万达转型尚且如此,而很多传统企业转型互联网、数字化不能成功也就在意料之中了,主要原因如下。

1. **生意敏感却让战略方向迷失**。有的老板在原来的行业做得很成功,可以说是白手起家,赚取了巨额的财富。但是随着社会的发展、商业环境的变化,原来有效的经营方式已经跟不上竞争节奏了,这些企业就开始寻求二次创业,追求互联网红利,但是他们也不知道企业今后该往互联网的哪个方向走,那就先走着试试吧,看哪种模式火就做哪种模式,甚至是有的从电商一直试到移动社群,可结果发现好像哪个方向都不对,到最后老板们越来越困惑,企业也迷失了方向。

这种战略方向迷失,归根结底是前文提到过的愿景和使命缺乏,也是价值观的缺失导致,他们的转型并没有基于愿景或重新树立使命去做,因此当不断试错乃至出现挫折和财务损失的时候,这种转型便会结束。这也是多数企业的宿命,基因使然。

2. **曾经成功过的管理思维束缚**。有很多传统企业采取的是军事化管理模式,倡导严格的上下级管控和业务流程,要求的是员工的绝对服从和指标必达;而互联网则需要的是发挥人的积极主动性去创新的人性化管理模式,甚至在某种程度上的"管理失控"可能带来更好的效果。然而,多数传统企业的老板却过于相信自己的管理经验和市场敏感度,譬如宗庆后,不但不设集团副总,而且产品研发都是亲力亲为,最终导致公司即使转型也缺乏活力和创造力,严重影响了转型发展。

3. 另外，很多企业团队对于战略转型的认知存在分歧，转型中老板又授权不足，甚至特意让多个门派互相掣肘以维护自己权威，倡导转型的人一旦犯错又往往容易被反对者抓住把柄，甚至被逼出局。在这里，**正确地做事的人永远会使自己立于不败之地，而那些去做正确的事的人往往面临一个又一个的坑。**

4. 即便是那些非常优秀的企业，他们在认识到转型战略和使命价值观的同时，依然面临一项重要挑战：对互联网化、数字化变革策略与短期和长期的经济目标进行协调，对于要求每季度都要披露业绩的上市公司尤其如此。很多企业的 CEO 就曾表示：有时为短期利益制定的政策并不适用于长期利益。

没有愿景、使命、价值观统领的企业转型，越来越难以获得成功，即使暂时成功也会很快迷失，就像马云口中的乌合之众一样，永远找不到方向感。哈佛商学院出版社的领导力项目主管詹妮丝·米勒（Janice Miller）也说：你需要坚持不懈地传达愿景，坚持下去，以获得人们的支持。很可惜的是，多数企业并不会理会这个虚无缥缈的东西，即便是对此进行了设计，也只会把它们印刷出来贴在墙上，或者只是成为人力资源部无关轻重的部门工作职责的一部分；而那些领会了愿景价值观的企业，却因为中长期利益与短期利益的挑战，只能兼顾鱼与熊掌，却无法做到战略聚焦和"饱和攻击"，终不免浅尝辄止、动辄得咎。

（三）什么是转型中的正确的事？

在这里再阐述一下，愿景是你要达到的理想图景和目标，使命是你的责任，价值观是你的原则。那么，这些东西可以凭空产生吗？

当然不可以，否则就成了幻想式的乌托邦了。

因此，我个人认为，最好的愿景、使命、价值观，来自于第一性原理。第一性原理（First Principle），是一个计算物理或计算化学专业名词，广义的第一性原理计算指的是一切基于量子力学原理的计算。在被创业者奉为圭臬的混沌大学课程中，第一性原理被作为了一个最重要的商业原理去应用。

举个例子，新东方的俞敏洪曾经自问自己最需要关注和投入精力的是什么。然后他就层层分析：对新东方来讲，招生数量最关键，因为这个是收入规模的基础；那么，影响招生的核心因素是什么？哦，是教学质量；好，影响教学质量最核心的因素是什么？是教师质量；OK，教师质量中最核心的东西是什么？是激情！

激情就是层层剥离后留下的对于新东方属于第一性的东西，于是俞敏洪就重点抓教师的激情管理，所以我们看到新东方的老师就是跟别的地方的老师不一样，专业激情、奋发向上、好学精进、志存高远……于是，新东方的愿景、使命、价值观和企业精神的东西也就出来了。所以，无论是企业经营还是战略转型，企业基因被打造后的发展生命力会更加顽强。

有了愿景使命价值观的引领，经营转型成功最重要的，就是要增长。而增长的逻辑，也从第一性原理中获得。

《创新：进攻者的优势》作者说：如果你处于极限点，无论你多么努力，无论你花多少钱，也不能取得进步。如果不能突破这个极限点，转型也很难成功。

再举一个例子：2007年，诺基亚市值1500亿美元，手机出货量4亿部，全球市场占有率40%。这个数字不仅仅是诺基亚自身的极限点，也是全世界手机历史上的顶峰期，没有任何第二家企业之前、之后曾经达到这样的高度；在这一年，苹果手机和安卓都出现了。于是对于诺基亚而言，这就是它的顶峰期（极限点），同时也是它的失速点，一下起来，一下落下去了。

原因就是李善友认为的，诺基亚面临着功能机和智能机之间的非连续性。诺基亚当时最后做了一个决定，为了实现内部的效率，把智能手机的生产、销售等合并进了功能机。结果在这个非连续性的过程中，尽管诺基亚当时已经占了智能手机市场 50% 的市场份额，尽管它一只脚已经迈到第二条增长曲线去了，但因为没有跨越非连续性，所以它又回来了。

转型增长的逻辑，或者说倍速增长的逻辑，是能够持续跨越增长的非连续性。正如《跨越 S 曲线》一书讲到的：所谓基业常青，并不是在一条曲线里面把它拉得非常长、非常陡，所谓基业常青，是你能够一次又一次地跨越第二条曲线。

那么问题来了，我们如何判断破局点和极限点？什么时候开始需要启动第二曲线？又怎样去跨越第二条曲线？

英特尔的功勋 CEO 格鲁夫提出一个"战略拐点"的概念，同时提出一个叫"十倍速变化"的数学公式。**每一个战略拐点都会出现十倍速的变化，而每一个十倍速的变化都会导致战略拐点。**他说：所谓十倍速，不是你整个行业、整个企业、整个产品十倍速变化，而是影响企业的某一个因素，短时间内发生十倍速变化。**当组成全部要素的某一个要素实现十倍速变化的时候，这个行业的第二曲线就要来到了。而这，就是你转型要抓住的时机。**

你拥有了卓越的愿景、使命、价值观，又判断对了战略拐点和转型的第二曲线，那么你要怎么去应用这个第二曲线呢？李善友给出的答案是：**聚焦第一曲线的某一个要素，把第一要素拆到最小单元，看一下哪一个要素能够实现十倍速的增长，然后把全部资源投入到单一要素上，把它变为第二曲线的全部。**

用特斯拉 CEO 马斯克（Elon Musk）的话来理解一下这个做法吧，他曾说：我们当年创建 PayPal，最重要的领悟来自于它的诞生过程，当时我们打算用 PayPal 来提供整合性的金融服务，这是一个很大、很复杂的系统；结果每次在跟别人介绍这套系统的时候，大家都没什么兴趣，当介绍到系统里面有一个小功能，用电子邮件付款，所有人的眼睛立刻亮起来了；于是，我们把重点放到电子邮件付款这一个小功能上，放弃掉所有其他原本设想的功能，结果 PayPal 成功了。

（四）跨越转型陷阱的经典案例：Netflix

Netflix 是全球最大的流媒体公司，在转型之前模型就是简单的出租 DVD。对标的公司是 BLOCKBUSTER（英国的 DVD 租赁公司，已申请破产）。当它复制到顶峰的时候，成为了一个超级独角兽。店面超过一万家，市值超过 100 亿美金。

在这个阶段，Netflix 是典型的线下模型，成本主要由店面成本和 DVD 采购成本构成。这个模型曾经很稳定，但是互联网时代的到来，给 Netflix 带来了非常大的挑战，同时也伴随着机遇。

后来 Netflix 成功的关键，是确立了一个单一增长指标，创始人哈斯廷斯只看一个数，这个数增长，他就踏实了，这个数不增长，其他什么数据增长都不行。这个数据是什么呢？用户增长。做加法是很容易的，做减法太难了，Netflix 只要一个，唯一的增长指标和 KPI（关键绩效指标）是用户数，不是利润，不是收入，也不是现金流。它的现金流是负的，把大量预收来的钱投到未来去。哈斯廷斯讲过一句话：如果你手上现金越多，证明你公司越没有未来、越没有创新。

于是我们看到：

它为了实现 KPI，唯一做的产品、最重要的产品、最牛的产品就是智能推荐引擎；

它不是优化单个节目，使单个节目的用户量最大，而是专注于如何吸引用户，让用户观看的电影数最大化，使得某些冷门的电影也能够被看到；

它有 800 人的工程师团队，从事智能算法，用户 75% 观看行为来自于推荐算法，由于它的推荐算法，续费率从 80% 提高到 97%；

它的增长引擎，唯一的获客方式就是独家的原创优质内容……

简单，做减法，简单的业务，简单的 KPI，简单的增长引擎，然后坚持下去，简洁而优美的增长战略。

这种简洁之下，它的收入增长怎么样呢？2018 年 Q1 是 37 亿美元，利润 2.9 亿美元，增长 63%，连续 7 个季度 30% 的增长。做得少了、小了，反而变快、变大了。对比一下我们经常看到的那些做大、做多，结果反而变慢、变死的案例，Netflix 在这一点上，给了我们最重大的启发。

在 Netflix 的文化中，他们团队追求极致的高绩效，追求最高的市场薪酬待遇，同时也追求最高的自由度。

哈斯廷斯根本不会把感性作为决策的任何标准，最后就只留高绩效人才，觉得你不合格时，今天就把你干掉，然后你的 leader 来干你的活，倒逼自己去招优秀人才在这里面。看来这是在用人上风格冷酷的公司，在硅谷，只有苹果和它是很相像的。

当然他会给很高的市场薪酬，而且你自己可以决定你拿的薪酬里现金部分和期权部分的比例，你自己定，高薪酬、高期权，打一个包，你自己定，你自己决定你自己的薪酬比例，你决定自己的休期、休假、上下班。标准是什么？你是一个成年人，你自己判断，最后带来最高的自由度。哈斯廷斯说：从 2002 年我们上市以来，按照传统，上市意味着自由的终结，但是我们同时充分地提升了人才密度和员工自由度。

令人惊讶的是，1997—2017 年的 20 年时间，Netflix 竟然没有任何收购记录，直到最近收购了一家内容公司。作为一家市值1500亿美金的公司，20年时间没有收购过任何一家公司，因为哈斯廷斯认为收购公司管理起来太难了。

人家问他，未来会不会学习迪士尼？他说：未来5—10年，我不会考虑主题公园之类的商品化业务。Netflix的法宝是尽量保持专注，集中精力做好内容。

人家问他，会不会做广告？他说不会，我们公司不会推销，我不会做这个。

> **小结**：稻盛和夫说过，世界上并没有什么更高明的经营技巧，除了努力工作。跨越转型陷阱的秘诀同样大道至简。企业面临转型陷阱既是挑战，也是机遇，不同的是，在转型过程中，有没有基于第一性原理，塑造出自己卓越的精神使命和发展基因，唯其如此，那些转型中的试错才能成为成功的养分。

番外篇（一）：世界杯上的日本队和日本搬家公司

最近看俄罗斯世界杯，小组赛有一大特点，就是冷门迭爆，其中两场比赛令人印象尤为深刻：冰岛逼平阿根廷，日本战胜哥伦比亚。在这两支球队身上，我们看到了两种典型的气质和风格。

首先说冰岛，一个三十几万人口的国家，却在足球上创造了连续的奇迹，他们在第一次进军欧洲杯时就屡屡战胜欧洲强队，淘汰英格兰杀入八强；在本次世界杯上面对拥有梅西的阿根廷队，强悍的防守和铁一般的战术纪律让对方无计可施。

日本队则是直接将拥有世界级球星的哥伦比亚按在地上摩擦，阿根廷《奥莱报》认为日本队这一场比赛踢出了巴萨和西班牙巅峰期的风格，他们用控球和传球击败了哥伦比亚，哥伦比亚主帅佩克尔曼在赛后新闻发布会上表示：对方从一开始就强调控球，让我们根本摸不到球，法尔考在前场有些孤立无援，虽然我们一度能够拿到球权，但球员们比较疲劳，所以日本队能够重新将球权夺回。

我们可以思考：足球场上任何情况都有可能发生，企业经营中是否也是同样可以创造奇迹？

很多的创业者会被问：你这个模式是不错，但是如果BAT也跟进去做，你的人才、资金都不占优势，你怎么去竞争？

这个问题非常不好回答，但重要的不是回答，而是真正自问能否确立起一种属于自己的差异化优势，比如冰岛以及日本足球队。

那么，打造一支球队和经营一家企业有哪些相同之处？

首先，在人才选拔和培养上，足球队和企业可以互相借鉴。什么是好的球员和人才，不同的教练基于技战术安排和风格有不同的看法，而恰恰是这些不同的看法和做法，体现出管理者的眼界水平，甚至成为决定未来比赛的胜负手。举个例子，当年法国队的维埃拉年轻时在国内试训，被我们的国产教练认为是水货没前途，然而到了法国却成为欧洲杯、世界杯双料冠军的功臣。冰岛选拔球员，肯定是身高腿长战术纪律极强的受青睐，日本选拔球员肯定是传控技术细腻且阅读比赛能力强的受青睐，能力出众、战术素养强且具备强烈为国效力价值观的球员肯定就是一流的人才。

在这里，我们看到打造足球队的关键因素与经营企业是一样的，首先是选人，是基于人才的核心思维模式、专业技术能力、战略战术素养、价值观等方面的选拔和培养。

其次，在能否专注于业务本身并打造稳定的职业规范上，足球队与企业异曲同工。比如日本队，近二十年来一直学习巴西足球，打造适合于自己身体条件的技术流派，在比赛中注重跑位、控制和传球，能够充分利用空间扯出空当，这种风格或许因为一时的具体战术安排、人才磨合或教练水平等影响了成绩，但可以迅速做好修正和完善，并不改变发展战略和方向；冰岛队虽然组建比较晚，但一出手就震惊世界，他们也是结合自身条件，确立稳固的将身体和技术结合的战术，利用身高优势形成高点打法，面对强队形成稳固防守体系和反击策略。这里，不得不提一下我们的中国足球队，大家比照一下，就知道我们在专注业务和塑造稳定技战术风格方面还是很初级，我们学过巴西、学过西班牙、学过意大利，然后，到现在为止依然没有然后。

这个为什么重要？就是因为一旦专注于业务规律并不断塑造形成职业规范和技战术特色，反复训练，年年传承优化，就会形成血液里的基因，而基因才是一个组织最伟大的本质。猎豹CEO傅盛也说过，公司的本质是什么？不是收入，不是业务，也不是团队，而是由此形成的基因。**所有持久的胜利者，必有强大的基因保障。**

再次，在形成工作匠心和专业极致精神方面，踢球跟企业工作也差不多。西班牙足球没有特别厉害的球王，但是连夺欧洲杯与世界杯冠军，就是他们的专业极致精神发挥了作用，其水银泻地的短传配合、眼花缭乱的过人技术，使得球队在技术创造性与战术纪律性上达到完美融合，虽然后来有点退步迹象，但大家都知道这是因为人员老化、断代，而非打法之失。当然，任何来自血液基因的打法，都需要与时俱进的优化，需要针对不同状况下的微调,这就是变与不变的辩证,在此不细述。我们国足的专业匠心如何呢?相信很多球迷会不屑一顾,一些国字号球员的基本功差到停球在几米开外,很多人阅读比赛能力比较低,战术领悟和执行也一般,匠心之失导致专业粗疏,训练水平不高又导致面对强敌临场乱阵,必然难以在比赛中获胜。

一个正面的例子,我想说一下前一阵在朋友圈被刷屏的日本搬家公司的变态,哦不,专业极致精神,他们的工作流程是这样的:

1. 搬家前,搬家公司会亲自上门,查看需要搬走的家具和各类生活用品,并分类列出详细清单,之后会给你一个报价,有不同的套餐选择,如果你接受,再开始商定搬家日期。

2. 商定好搬家日期后,搬家公司会在正式搬家之前,送来搬家时需要用到的尺寸不同的大小纸板箱和几大卷胶带纸,都是公司自主研发的材料,印上公司的 logo,这样一是由搬家公司提供,不用自己去买打包箱之类的配件,方便省力;二是这些搬家材料都可以循环使用,环保。

3. 搬家时,履行严格的操作步骤。

(1) 铺保护垫,提供额外保护。

为了让家具和墙面不受损坏,工人们会先在大门、狭窄的走廊处铺好防止刮擦的防护膜,避免搬东西的时候碰撞墙壁而产生破损;如果你住在公寓楼,他们会从公寓楼的大门口就开始铺,之后是电梯、走廊,一直铺到你家门口;如果你住的地方没有电梯也没关系,他们甚至会给每级台阶都铺上防护膜;进屋后在墙的周围也铺满,最大程度避免剐蹭家具;假如你的家具上本来就有刮痕,工人会提前和你讲清楚:"诶,你看这是你们家具自带的哦。"因为他们必须要做到顾客家具零受损,否则是要被罚钱的。

（2）搬家之前先打扫干净。

不论新老，家具在家里待了那么久，总会有很多灰尘，搬家的时候，更是不忍直视。日本的搬家公司，会在帮你搬走之前，先帮你打扫干净，大到冰箱洗衣机置物柜，小到锅碗瓢盆。

（3）不同物品分类装箱打包。

日本的搬家公司，会把你家所有需要搬走的东西，全部分类，分别装进不同的量身定制的打包箱里，你需要做的只是——嗯，开门让他们进来然后在旁边看着就好了。对于易碎品，比如厨房的盘子、碗等各种餐具，贴心的搬家公司也有专门的缓冲隔离包装箱，一个一个分开放，餐具和餐具之间还会垫入缓冲垫，给脆弱的它们提供最大程度的保护。

（4）打扫原住处。

在所有的东西打包好搬走之前，他们还会把原住处打扫干净，不会给房东或接下来的住户带来任何烦恼，可谓打包、整理、打扫一条龙服务。

4. 搬入新家后，依然有严格周到的服务步骤。

（1）铺保护垫：把物件搬进新家之前，照例要在各个地面墙面铺设好防护垫，就像搬家之前的准备工作一样。

（2）把家具搬进新家：到达新家之后，队长会给每人发一双新袜子，最大程度上保证新家的干净整洁；由于日本楼道狭窄，太大件物品常常需要高空作业；简单点的能用绳子吊上去，难度大点的也有专业机器，非常省心。

（3）按照主人要求摆放：物品都搬进新家后，大件物品工人会按照主人要求摆放，小型物件会依照原样，摆放在之前的位置，连鞋子和衣架箱里的衣服，工人都会帮你挂回相应的地方。

（4）打扫卫生，搬家完成：搬家不留下一点点垃圾，在搬家全部完成后，工作人员会把纸箱拿走，进行扫地、除灰等最后的清洁工作，只为保证主人可以在搬家当天，在新家开始全新的生活。

5. 额外的贴心到变态的细节服务。

如果你已经觉得上面的搬家体验太好了，好到变态了，别急，日本的搬家公司还有更多贴心的细节服务。

（1）单身人士搬家优惠政策：面对东西少的单身人士，选择搬家公司帮你搬家，还给你特别折扣优惠。

（2）搬家工人性别可选择：如果你是单身独居女性，不希望很多男性出入你的闺房，向搬家公司提出需求，他们就会指派女搬家工人上门为你搬家。

（3）可选"全包"和"半包"：上文写到的其实都是日本搬家公司的"全包"服务，如果你是个勤劳的青年，可以选择"半包"，搬家公司会提前派人把打包的材料快递到你家里，然后自己负责打包收拾，等他们来取。

（4）入住前的安全检查：这算是很多人自己从未考虑过的问题，搬家公司也为你考虑到了，搬家公司会在你的新家，进行针孔摄像机和监听器的扫描，排除一切遭遇变态房东的安全隐患，可以说是从灵魂深处注重客户体验了。

（5）帮搬迁人代办手续：如果你需要，搬家公司还可以帮你代办因地址变更而引发的一系列手续，如邮局住址变更登记等等，不用你亲自奔波。

（6）为邻居提供小礼物：搬家的时候最怕什么，吵到邻居？搬家公司会免费为你准备人情礼，给邻居送个礼物，打声招呼。

除此之外还有其他的额外服务，比如空调的卸载和安装，客户个人的特殊需求等，根据不同的客户有相应的服务。

关于费用，我想我们很多人都有过在国内搬家的经历吧，自己看吧：除去二三四月份等搬家旺季费用会高涨，正常来说，像单身公寓平均4.1万日元（约合人民币2400元）；如果你是几口之家，大型家具、行李很多，拿三口之家来说，平均8.6万日元（约合人民币4900元）。

  最后总结一下，没有工作匠心和专业精神，不能专注于业务本身，从而形成稳定的技战术风格和比较优势，甚至无法塑造出源于血液里的优胜基因，那么，球是踢不好的。

第三章 知行合一是对的吗？

导读概要

1. 有统计数据，人类从直立行走到2003年的400万年间，一共创造了5艾字节的信息，这个存储量相当于50亿部1G电影；而到了2010年，人类每两天就会创造5艾字节；再到了2013年，人类每10分钟就创造5艾字节；再到今天，人类每1分钟就创造5艾字节。这或许就是我们知识或认知焦虑的根源。

2. 与此同时，当我们反思：为什么认知税是这个世界上最重的赋税？为什么平行世界的真相不止一个？为什么我们不一定知道未来是什么却依然用行动来主导？答案其实就是认知维度的不同在今后的企业经营及竞争中变得极其重要。

3. 在数据化的时代，或许概念和认知能力才是核心竞争力。这是一个颠覆性的看法。而在现实商业经营实践中，我们已经逐渐能够验证这一看法，企业之间的竞争胜负，很大程度上取决于企业家和高管团队们大脑中所认为的重要事情的不同。

4. 因此，我们可以说，无论做正确的事，还是正确地做事，营销、管理、战略的背后，是使命、愿景、价值观，而这背后的支持，则来自于认知维度。

一、认知税的提出很重要

——企业竞争的本质，某种程度上可以被认定为认知维度之争

认知税这个提法的起源，大约是罗振宇在某次演讲中所提到的。他本人的创业和经营，主线是做内容和观点，尤其是互联网精神为核心的内容创作，而其商业则是经历了几个阶段：最早是"各种好玩"，甚至号召粉丝们一起去吃霸王餐；然后是做电商，卖月饼、卖电子产品，卖各种各样的东西，用罗胖的话说，电商才是内容创业最好的变现方式；直到后来彻底转型知识付费，不再卖货，而是卖知识，其核心产品"得到"，付费用户达到500多万（2017年数据），估值也达到了70亿元人民币（2017年年底数据）。

罗振宇和他的团队实际上很好地演绎了精益创业的试错逻辑，不仅罗振宇是大IP，其另一位合伙人脱不花也建立了很高的知名度，也经常代表着罗辑思维的价值观点进行多种场合的演讲，这与传统企业老板唯我独尊地代表企业不同，管理和经营在新型互联网企业中体现了巨大的嬗变，由此也体现了其"基于认知升维的知识付费"这一核心商业模式的言行一致性。

当然，罗振宇的知识输出也屡遭诟病，甚至有人认为这些所谓的知识只是鸡汤、很多知识未经用户思考、不少知识"药不对症"等，然而这毕竟是知识作为产品、认知付费作为商业模式的发展探索，本身也属于试错。就像娃哈哈的宗庆后批评马云的五个新——新零售、新技术、新资源、新制造、新金融，说四个新是胡说八道，只有新技术才是靠谱的说法。很多人并不接受一些认知和概念的归纳，他们只接受能够给自己带来安全感的现实经验。

毫无疑问，在对待认知重要性的态度上，无疑至少有这样两派截然相反的人：一派以传统企业家和高管为主，他们曾经很辉煌很成功，现在却遇到了重大发展困境；一派以新型互联网企业家、创业者及其团队为主，他们引领新技术，又制造新概念，还培养了一批接受其知识煽动性的粉丝和用户群，这个群体越来越大，甚至能够带来商业模式变革的巨大影响，形成了新的不可忽视的市场势力。

我们以前读书时被教育：实践出真知。这个道理是正确的。然而，你可能慢慢意识到，很多认知来自于经验传承，而这些经验其实并不是绝对可靠的，譬如，当你还是孩子的时候，你会被妈妈教育："你要是不听话，大马猴就来咬你！"当然，后来的事情是，大马猴从来没咬过你，甚至你一辈子都没见过它；当你还是孩子的时候，你不小心磕到了桌子，你哭了，这时候你奶奶会帮你打这个桌子："让你磕到我孙子，让你磕到我孙子"……嗯，幸好现在的你，并不真的以为磕痛了是因为桌子的错。

这就是认知的玄妙。

很多人读过《人类简史》这本书，作者赫拉利告诉我们，人类从千万年前的食物链中间走到了想吃啥就吃啥的食物链最顶端，靠的绝对不是身体的强壮和勇气，而是大脑进化出来的认知。不幸的是，那些狮子、老虎、大象、水牛们，不得不向人类上缴这种天下最狠最重的税——认知税了，而且很多动物是以自己的生命为代价，去纳税以成全人类的口腹。

赫拉利是年轻的历史学家，但写作角度却绝对不是人类历史惯有的角度。他会从生物学、伦理学等角度去追问：男女的社会地位差别，有生物学的依据吗？宗教和历史哲学的出现，是人类进化的必然还是故事编纂需要的偶然？

我们可以了解到，从更宏大的视角来看，人类社会的三次重大革命，像工业革命都算不上，而是：认知革命、农业革命和科学革命。

首先，认知革命让人类从普通动物中走了出来，成为这个星球上最牛的物种，没有之一；其次，农业革命让人类从原本的到处游猎、采集而居无定所，到发现植物种子、驯养牛羊猪狗、建起固定住所，当然这个革命的伟大之处，还不仅仅如此，更重要的是，它让人类从此附着在了土地上，成为食物和房子的奴隶。而科学革命，则是人类认知得以本质提升的革命。从某种角度看，科学是什么呢？就是认知本身。这也属于是第一性原理。

科学最大的好处，就是让人类意识到自己的无知。也正因为你认识到了无知，才会去借助科学认知这个工具，来一步步地认识世界、改变世界，甚至逼近上帝的真相。

现在地球虽然已经是平的，但人类之间的认知差距依然存在。认知属于科学，也属于教育，而我们的目前的教育，也因为这种认知的不同大致分为三类：

一种是底层教育，也可以叫义务教育，说白了，就是让孩子们在现代社会有一个饭碗，它不是在培养一个人才，而是在打造一个工具；第二种就是中间阶层的素质教育，它要培养孩子们的多种才艺、独立思考的能力、口头表达的能力、社会交往的能力、组织管理的能力，还有探索问题的能力，它培养的是一个中间阶层的人格，是培养工艺品，而非艺术品；第三种是顶层教育，它的核心使命不是让孩子们变得更好，因为变得更好是为了让人挑选的，他们那个阶层是挑选别人的人！所以它真正核心的只有一条：就是培养决策能力！

对于很多人来说，今天的中国，可能处于最好的时代。他们可以通过自己认知的升维而获得社会阶层准入的机会，尤其是那些互联网行业的创业者们，他们中的很多人是普通家庭的孩子（譬如京东的刘强东、今日头条的张一鸣等），因为其学习能力和认知能力强大，从而掌握了商业企业创办和发展的秘诀，最终成了达到财务自由的人，同时又能为社会创造公益价值。

前文曾经提到过，**企业之间的竞争，表面上看是商业模式和资源之争，实质上是愿景使命价值观之争，而背后则有极大可能是认知维度之争**。随着物联网、人工智能、大数据、云计算的成熟，一个创业者的高能认知，可能很快会得到相应的资源协同去形成商业模式和赛道，迅速地实现价值转化。

任正非认为目前华为的水平尚停留在工程数学、物理算法等工程科学的创新层面，尚未真正进入基础理论研究，随着逐步逼近香农定理、摩尔定律的极限，面对大流量、低延时的理论还未创造出来，华为已感到前途茫茫，找不到方向。

这让我想起了刘慈欣在《三体》中描述的，面对不可知的未来，人们不得不推出"面壁计划"，也是基于认知维度和角度的生存发展计划，为了说明问题，在这里我将"面壁计划"简要介绍一下。

故事起源于人类与星外文明三体人的斗争。由于三体人把跟地球量级差不多大小的二维信息进行高维折叠，形成了肉眼都看不见的智子，智子到达地球后，首先封死了人类所有科学发展的可能性（智子进入到人类的粒子研究领域，形成了干扰，从而使人类永远无法获得物理学进一步发展的真相）；同时，智子能够全方位无死角地对人类的所有行为进行侦察，也就是说，人类所有的对未来应对的战略，全部透明地暴露在智子的眼下。

为了应对这样变态的形势，联合国启动了"面壁计划"：指定了四位面壁者，在有生或未来的几百年（可以冬眠）内，他们可以随意调动大量资源,并且不需要解释原因,假如有人质疑这样做的合理性,他们只需要用一句"这就是面壁计划的一部分"即可过关。

这四位面壁者及其计划分别是:

1. 美国前国防部长弗里德里克·泰勒,计划利用球状闪电武器对人类舰队发动突然攻击使其量子化,用量子舰队来对抗三体;

2. 委内瑞拉总统曼努尔·雷迪亚兹,计划在水星地层中埋藏大量的氢弹,一旦引爆会使整个太阳系变成比三体更加恶劣的地狱,以全人类的生命为筹码要挟三体;

3. 比尔·希恩斯,研究思想钢印并向人类植入绝对失败主义的理念,让人类尽快逃离太阳系以避免与三体的正面接触;

4. 中国社会学博士罗辑,也是以后的执剑人,三体组织唯一下令要杀死的人,从三体领袖叶文洁那里了解到"宇宙社会学"的基本概念,建立宇宙社会学,并领悟出黑暗森林法则,并成功建立黑暗森林威慑,迫使三体舰队转向,暂时性地改变了人类命运。

四位面壁者的前三位,均被一一破壁,只有罗辑成功,他成了救世主。

不懂技术的文科男罗辑为什么能够成功?就是因为他突然开悟,发现了一个新的认知:"宇宙社会学"——黑暗森林法则。

我们用一个设定来比喻这个法则:你带着一群持枪的人进入森林,这时对于各种小动物最好的选择是什么?无疑是选择隐蔽不出!因为不管这些小动物怎样表达要与人类沟通交流、友好相处,你看见它们露头的第一选择基本上就是:开枪打死!同理,在宇宙中,比人类高级的智慧文明多得多,当人类向宇宙发出信号,表达人类友好的信号时,就会暴露了自己所在的太阳系及地球的坐标。

当时,煞有介事且念念有词的罗辑作为面壁者,在放浪形骸挥霍享乐的表象下,把一个咒语发射向百光年外的星体。果然,几百年不到,比三体文明还要高级的一个大神级文明用了一个光速导弹直接将其击成齑粉。由于三体人害怕自己的坐标暴露,所以选择了与人类妥协相处。于是,罗辑被封神了。

当然,刘慈欣在最后,依然十分残酷地让太阳系文明完全毁灭在一个更高级的歌者文明手中,是被一个身份低微的歌者随意地用二向箔处理了一下,于是,整个太阳系被二维化,变成了一幅画。人类最后留存的生命,也是号称圣母的程心在几千万年之后,一定会回忆起人类曾经集这个物种尊严和智慧之大成的面壁计划,以及那些个性迥异和灵魂飞扬的面壁者们。

面壁计划因为罗辑而取得过巨大成功,这里面的关键点就是:由于罗辑率先发现并掌握了"黑暗森林法则"这一新的认知,他利用社会资源和支持去践行,从而取得了成功,而其世俗意义上的名声和利益,则无疑就是世界上其他人上缴给他的认知税。

很多企业经营者认为他们从《三体》里受到了很大启发,"升维对抗""降维打击"成为一大批创业者和企业高管们的新认知和经营管理信条;还有一些商业培训讲师们也利用《三体》里的思维去研究电商对于实体商业的颠覆和影响,就如同降维打击一样;在文艺界,很多人也成了这本书的忠实拥趸,比如同样以认知升维和知识付费为商业模式的高晓松,就在《晓说》中多次提到对刘慈欣的崇拜……

我至今仍认为,在经历了马云、马化腾等人的互联网实践以及他们标新立异的演讲后,在经历了罗振宇等人的自媒体创业通过传播知识和概念获取利润的同时,《三体》这本书对认知的重要地位功不可没，甚至使对商业竞争的认知升维达到了一个里程碑的高度。

任正非说今天的华为进入了一个前面无人探路的迷航期；这句话也类似于和适用于描述我们眼下所处的时代。那么，要真正飞出迷航，谁才是属于这个时代的面壁者呢？或者说，我们这个时代如果需要面壁者的话，那么谁才能担当此重任呢？

是制造出特斯拉汽车、又准备把人类送上火星的埃隆·马斯克吗？是提供了目前世界上最大的云服务大数据并深入探索外太空的亚马逊的杰夫·贝佐斯吗？还是前期刚刚宣布完展开"NASA 计划"接着又迫不及待成立"达摩院"的马云？亦或是我们中的某些孜孜以求不断学习然后并不起眼的普通人？

> **小结**：互联网时代如果构成一体两面的话，一面首先是数据和链接，另一面则是认知和概念。企业经营之争看起来是模式和资源之争，实质则是战略定位和赛道之争，而战略选择之争则发源于愿景使命之争，背后则是认知维度之争。认知的进化，代表着商业社会甚至整个人类社会的未来，那么，我们应该遵守怎样的知行合一呢？

二、平行世界：事实不是只有一个

——互联网削平和解构了的世界，其实是一个被增强了个性化差异的多维、平行世界

先从物理学上来解释一下这个概念。

很多人知道"薛定谔的猫"这一理论，将一只猫关在装有少量镭和氰化物的密闭容器里。镭的衰变存在几率，如果镭发生

衰变，会触发机关打碎装有氰化物的瓶子，猫就会死；如果镭不发生衰变，猫就存活，那么请问，这只猫是死还是活？

我们通常的解答就是，要么死要么活，只要打开盒子观察一下就能得到确定的答案。然而，在量子世界里，这只猫却呈现出不确定性的状态，我们知道量子有个著名的测不准原理，所以，在你打开盒子之前，这只猫可以同时既死又活！

在经典物理学的同一个世界中，我们的观察对于观察对象只能得到一种确定的状态，然而量子物理学却通过实验挑战了我们，因为粒子状态是测不准、不确定的，它会同时呈现在不同的空间状态，那么我们似乎就可以推导出更大的宏观世界也是多种状态呈现的，也就是多维宇宙（平行宇宙）或平行世界存在。

物理学理论上的平行宇宙给予我们启发，然而现实商业生活中的平行世界也似乎在某种程度上大量存在。有一句貌似玩笑却意义不凡的话：你以为你以为的就是你以为的吗？

量子状态因为观察者的介入而坍塌，从而呈现某种确定的状态，那么现实世界也会因为不同人的观察和意识而呈现不同吗？

我们的认知试图揭示世界的真相，揭示商业社会的运行原理，可能最后却发现，真相不止一个，原理同样并不唯一。现实中，我们看到圈层世界正在以多元化的形式形成，并且不断被强化。像我们不知道其实从艺术水平和审美逻辑上不算特别好的电影《战狼》票房怎么就达到创造纪录的50多亿，不知道身边没有几个人在用的那些VIVO、OPPO等手机竟然是国内销量前列，不知道文字还好但鸡汤味甚浓的咪蒙微信公号的每篇文章都不止"10万+"，原来有这样的一个庞大群体存在，他们是特别容易掀起爱国热忱但并不一定理解爱国的真正意义的键盘侠，他们是生活于二三线城市却不断努力与时尚潮流接轨的新潮青年，他们是大学毕业刚参加工作甚至是依然在学校里读书的"90后""00

后""二次元"女生……这个群体与我这样的中年油腻直男群体形成相互平行永不相交的各自世界，各按其独有逻辑生存与发展。

很多人以前自诩为社会精英的人，对于新群落新事物经历了看不到、看不起、追不上的阶段，后来终于从大数据里面看到了听说了，然后去学习研究，但是总是很蹩脚。

著名的财经评论人吴伯凡对此很有感触："比如说最近快手App很火，很多人也想做一个像这样的应用软件，但做不出来，我认识一个朋友是快手的投资人，他就跟我说：'你知道吗，原因是你就不是群落的人，创业者他本身是这样的人，他就很了解，他不需要学习，因为他只需要按照直觉去做就可以了，他在他的生态位里头一切都是非常自然的；比如说人，人要学会用超声波来观察事物来抓住你的目标点，那是一件比登天还难的事情，而对于蝙蝠，对于只有在傍晚出来觅食的这种动物来说，要在暮色当中来捕捉飞虫，就必须用一种视觉外的感知能力，它就是用这样一种方式，这对它来说是很自然的！那对于我们习惯用视觉来捕捉目标的人，那就是一种高科技，可是对它来说没什么高科技，它就本来如此。'"

有人说，现在高铁和移动互联网将旧有的结构化世界碾平，移动互联网使得信息化技术应用迅速下沉，而飞机、高铁等工具也将人们时间和空间的距离拉近，我们原来忽视的那些群落和世界渐渐被赋能，成为一股股十分活跃且有着自我秩序和能量的群体。同时由于智能手机、社交媒体工具的普惠性应用，每个人都拥有了表达自己观点和看法的渠道，而非过去那样只有少数主流媒体可以发声，甚至成为能够影响某一行业、某一领域、某个话题的话语权威。

这里面有一个很有意思的逻辑：高铁、互联网一方面填平了信息的鸿沟，使得人们之间的时空差距大大缩短，使得世界变成平的；然而，另一方面，他们却加强和固化了不同圈层的差异性，尤其是移动互联网和智能手机的出现，虽然使得人们的信息鸿沟消失，却并没有填平人与人之间的鸿沟，反而使得新的垄断和隔离得以建立，因为人们正在通过新的技术以及常用的社交工具微信、微博、抖音、陌陌等强化了自己的个性世界，使得自己可以更大程度上生活在自己介于虚拟与现实之间的独立世界中。

或许，技术赋能的最终结果，就是塑造出越来越多的独立、平行的世界。著名物理学家加来道雄在他的《平行宇宙》一书中向我们介绍了宇宙的多维，甚至可以达到十一维，并且你认为的所有可能性都会在多个维度的宇宙中存在，这个数据将会大得惊人。而现实中我们以某种方式定义的平行世界，随着互联网变革的深入，无疑呈现出超出以往的多元发展，而这些平行世界，其实就是告诉了我们，逻辑不是唯一，事实不只是一个。

我们可以来简要梳理一下那些重要的平行世界。

1. 二次元世界

"二次元"来自于日本的动画，早期的日本动画、游戏作品都是以二维图像构成的，其画面是一个平面，所以被称为是"二次元世界"，简称"二次元"；后来延伸为独立于现实世界的虚拟文化状态，在这种虚拟故事中寻找慰藉成为很多年轻人的生活常态，其用户数量十分庞大。像海贼王、柯南、火影忍者、哆啦A梦、口袋妖怪等，随便一个名字后边就是千万乃至上亿的产值，背后的经济利益驱动着创意IP的不断衍生，反过来又成为二次元年轻人的饕餮盛宴。

据说，在日本竟然出现了很多年轻人，整天无所事事，就靠观看漫画或动画来打发时间，这种文化影响，在中国乃至世界上都有蔓延趋势。

2. 佛系世界

2014年，日本某杂志介绍最近流行的一种男性新品种——"佛系男子"。他们外表看上去和普通人一样，但内心往往具有以下特点：自己的兴趣爱好永远都放在第一位，基本上所有的事情都想按照自己喜欢的方式和节奏去做；总是嫌谈恋爱太麻烦，不想在这上面费神费时间，也不想交什么女朋友，就单纯喜欢自己一个人，和女生在一起会感觉很累。后来，"佛系"便引申为随心所欲、看淡一切的生活方式。

网上一位佛系"少女"（指心态上少女、年龄上猜不透）的表述代表了这个越来越庞大群体的心声："是的，我就是佛系中年少女，一切随缘。在这样一个鼓励'自律''上进''优秀'的时代，'佛系'看起来好像是平庸的代名词，不争不抢，不求输赢，但行好事，懒得问前程。其实在我看来，佛系不是一种绝望，而是一种表面顺从下内心的倔强。这种'现实安稳，岁月静好'不过是一种对当下苦累生活的调侃和自勉，是一种自嘲，绝不是对宗教的亵渎。"

当然，不是所有的佛系都无欲无求，有一个自比三毛的佛系女青年就曾以一篇惊世骇俗的《张扬导演，我爱你》火爆热搜和朋友圈，文章中成功演绎了她从作为一个普通女孩遇上著名导演张扬、到一起聊天看星星、再到喝酒谈人生、最后各奔东西的澎湃爱情。很多佛系男女的云淡风轻，另一面是随心所欲。这个群体从"60后"、"70后"到"90后"都有，佛系青年、佛系少女、佛系恋爱、佛系生活等成为佛系世界的标签，其顺其自然或随心所欲的消费特征值得关注。

3. 新女性主义

女权主义已经不是新生事物，而新女性主义却通过网络的传播强化成为另一种不可小觑的女性文化特征。新女性并不是特别要宣扬女权,而是懂得发掘女性自我之美,她们经济上比较独立,衣着上追求时尚,有自己独特的价值观和消费理念。这个群体在一二线城市比较多,很多人拥有高学历、高颜值、高收入,她们频繁出入写字楼、健身房、酒吧等场所,与佛系女不同,她们注重社交,坚持自我又懂得调整自我,也会主动参加相亲等。

现在新女性主义有低龄化趋势,"85后""90后"成为新女性主义的重要增长力量。而很多商业领域的项目和经营,也是围绕这个群体展开,如相亲网站、垂直社交网站等,一些自媒体更是通过抓住新女性这个概念大做文章,制造出轰动性话题并赚取眼球和收益。

4. 中年油腻男

写下这个题目我其实十分忐忑,一直在想我本人是否也属于中年油腻男,呵呵。2017年10月,微博舆论场中,因作家冯唐的一篇文章《如何避免成为一个油腻的中年猥琐男》,掀起了一场网络狂欢。"中年""油腻""猥琐"等词火爆社交媒体,网民们也纷纷列举自己心中"中年油腻男"的标准。

这个词汇的出现反映了中年男性的深层焦虑。现在的中年男性大多处于上有老、下有小的状态,生活压力较大,加上职场的天花板开始显现,难以取得更大的成就,继而心理上出现自我否定、怀疑不安等情绪,而"油腻""肥胖"成为很多人的身体面部标签,他们经常早出晚归、蓬头垢面、拼命工作赚钱养家,有的过度食用快餐品,无暇顾及自身形象。

互联网的快速发展及社会推陈出新的技术进步的节奏,使得年轻人更受宠,而中年人精力体能下降,同样工作的薪酬成本又高,所以很多岗位已经将中年男人边缘化。作家蒋方舟说:讨好年轻人是这个社会的通病。相比中年人，青年是巨大的消费群体，青年对于文化产品和商品的喜新厌旧的选择，对市场产生至关重要的影响。不可否认中年人的职业成熟度和工作贡献，就像前一阵川航飞机在万米高空挡风玻璃破碎，46岁机长刘传健凭借丰富经验和稳健操作化险为夷，这恰恰体现了中年人的独有价值，然而我们的时代却往往选择了喜新厌旧。

5. "95后"世界

"95后"指的是1995年到1999年之间出生的年轻一代，最大的已经步入职场，最小的也已经成年，群体人口总量超过7800万。可以说，这个群体是典型的互联网原居民，他们的喜好也表现出了与众不同的特征。

首先社交是他们应用互联网的第一诉求，渗透率最高的是微信，达到90%；其次是手机QQ，在"95后"群体中安装比例达到85%，超过了"85后"的80%。

由于崇尚"宅"文化，睡懒觉、打游戏、看视频成为"95后"的主要娱乐活动。"95后"人群的游戏渗透率高达57%，最值得注意的是，女生玩游戏的比例为93%高于男生，此前"养蛙"、"恋与制作人"的火爆就可见一斑，"王者荣耀"、"吃鸡"等手游也不乏女生身影。

"95后"崇尚颜值即正义，所以在网络应用上，我们看到"95后"关注的不只是明星大V，还有颜值高、有才华的素人。非常明显的是，"95后"是兴趣化的一代，是视觉化的一代，也是更热爱为喜欢的东西付费的一代。

6. 城镇化的世界

作家韩寒的作品经常表现小镇青年，而近些年随着我们城镇化率的加快，处于三四线城市以及新建的中小城镇正在成为一个个紧随一线时尚的亚文化策源地。

所以，我们会看到一些品牌开始渠道下沉，小米在三四线城市卖得很好，VIVO、OPPO 也成为小镇青年们所认可的时尚利器。前些时候我因公去东莞，原来以为那边的制造业应该是衰退得不行了，却发现一些代工公司的老板在生产一批很便宜的手机，卖到农村和小城镇，也出口非洲，居然生意特别好。还有我们以前就了解到的一些保健品，现在一线城市里基本没有什么消费者了，但是三四线以下尤其是中小城镇甚至农村，依然可以随处看到那些保健品的广告，以及下乡促销的所谓保健医疗团队。

消费升级，渠道下沉，那些小城镇也是另一个平行世界。

▶ 7. 被数据化了的世界

数字化是一个趋势，尤其是数据在线将成为社会智能化的一个重要标志。然而当一切被数据化后，又会发生什么？

近期崔永元在接受采访时表示：现在的电视剧，都得去买收视率，因为不买收视率，电视台就不要。他还透露，现在一集电视剧光买收视率的成本就有 40 万。更有甚者，说有家电视台，本来排名靠后，结果新 CEO 上去了，上来就去买收视率，买了一阵以后，发现就不用买了，收视率就真的上去了。

不仅电视剧买收视率，电影可以刷票房，据说《后来的我们》因为大规模恶性退票，遭到了多家影城的抵制，说是影片上映首日恶性退票金额就达到两千万。文化娱乐数据可以刷，商业数据也有不同程度的刷单造假，据说"双十一"某电商平台因为刷单退货率达到 35%……

毫无疑问，大数据、云计算将改变我们的世界，而我们面对的却是充斥了大量虚假数据的数据化世界。这样一个平行的世界,正在与我们的现实世界并行不悖。

> **小结**:如何认识我们目前所处的世界,以及这个世界的商业经营规则,我们不得不引进"平行世界"的概念,互联网和高铁削平了旧有的结构化,然而却又衍生和强化了个性化,每个个性化的背后,都是一个亚文化的社会,这就是我们要面对的。

三、我们并不一定知道未来是什么

——让新事物自然生长,是我们面对不确定性未来的最佳经营策略,虽然此时不一定知行合一

我们中国的文化传统是尊重过去、敬畏过去,到今天已经开始敬畏未来。我们经常鼓舞自己和员工们说,未来已来,虽然很难清晰地描述出未来的确定性模样,但未来已经是我们回看现在的重要标尺。

当然,我们对于未来的预测从未停止过。有人说,未来不再有公司,只有平台;未来没有老板,只有创业领袖;未来不会有员工,只有合伙人。

同样关于不远的未来,有种说法是我们将面对的是移动互联网的下半场,人工智能的上半场,是 ABCD 的综合——A 是人工智能,B 是区块链,C 是云计算,D 是大数据。而其中,区块链被认为是最具颠覆性的技术革命之一。大家共同认可的是,在互联网时代,最大垄断是数据垄断和信用垄断,未来区块链就是要打破数据垄断。区块链时代可能会形成资源、信息、数据和信用全部共享。同时,随着区块链的发展,未来很多公司会发生

改变，以前叫公司，以后可能叫链或者币，股份以后可能叫"token"或者"节点"，以前叫股东以后可能叫币东，以前叫分红以后叫糖果或代币，以前是工作以后叫挖矿，以前叫渠道以后叫节。

更重要的是，区块链时代会带来一些创业风口或者思维的改变：一是从规模经济到共享经济到共识经济；二是用户，传统时代讲人群，互联网时代讲社群，区块链时代讲机器，未来的信任不是信任某一个社群；三是从分工经济向平台经济向节点经济转型；四是从资产经济向数据经济向信用经济转型；五是银行金融向供应链金融再向区块链金融转型，等等。

区块链之外，人工智能也是我们未来要面对的重要拐点。很多企业家甚至认为人工智能的发展会产生出超级智能，从而使人类失去对世界的掌握，而《未来简史》的作者赫拉利也认为未来一切都是基于算法，而超级智能或少数超人则在算法之外控制着芸芸众生。

人们可以无法准确预测30年后会发生什么，但我们可以通过人工智能的技术趋势去预测更近的明天会怎么样，在此为大家分享一下目前还处于触发期的16项新技术，他们远未成熟，相当部分只出现在科幻电影中，却很可能是下一个讲故事、炒泡沫的技术新概念，也极有可能正发生在创业企业和高科技企业的经营试验当中。

1. 智能微尘

智能微尘（smart dust）可以是机器人、微机电系统（MEMS）或其他设备，可使智能的无线传感器缩小成沙粒或尘埃般大小，通过光学、温度、压力振动、磁场和化学成分等环境参数来检测事物。

智能微尘是可成为一个无线传感器网络中的节点，用以收集、处理信息，或与其他的节点连接。针对智能微尘的研究尚处在实验室阶段，已有些进展，如南加州大学机器人研究实验室（由美国国防高级研究计划局资助）和JLH实验室，已经开发出一种"智能尘埃"微型摄像头。

2. 4D打印

比3D打印多的一个"D"，就是时间维度，其可以通过软件对变形材料编程，在设定的时间内变形为所需形状。4D打印可直接将设计内置到可变形的物料中，不需连接任何复杂的机电设备，按照产品设计自动折叠。目前，技术的最新前沿是在实验室环境中打印组织和器官。

3. 通用人工智能

通用人工智能（AGI），又名"强人工智能"，指的是在没有编码特定领域知识的情况下，具备处理多种类型的任务和适应未曾预料情形的能力。2017年的人工智能系统，都未能通过等同于人类智力的通用测试，目前AGI只存在于科幻小说中。

4. 神经形态硬件

可以理解为，受到神经生物学结构概念影响的、基于半导体处理器的计算，神经形态芯片与传统处理器不同，是非冯·诺伊曼结构（能在记忆体的不同区域同时执行不同操作）。目前尚处于非常早期的原型阶段，惠普实验室正在开发的"点阵"，就是一种加快神经信息处理形态的引擎设计。

5. 人体机能增强

指的是借助外在手段，提供超过正常人类极限的性能，包括增加体力（如通过外骨骼）、提高感知（助听器与手机应用程序优化，或植入磁体检测电流）、提高注意力（如以药物或脑刺激）等。未来20年，预计这将触发一个价值数十亿美元的市场，相关的伦理争议正在出现，美国有数州通过法案，禁止雇主将芯片植入作为就业条件。

6. 5G 技术

即第五代移动通信技术。高德纳（Gartner）预计，到 2020 年，3% 的基于网络的移动通信服务提供商（CSP）将推出 5G 商业化网络。从 2018 年到 2022 年，国际上将主要利用 5G 来支持物联网通信、高清视频和固定无线接入。

华为在技术触发期就已布局 5G。成为该技术的领导者和推动者，并与全球数十家领先运营商开展创新合作，任正非的传奇看来会延续很多年。

7. 无服务器 PaaS

无服务器 PaaS 并非没有服务器，而是将搭建、设置、管理等服务器相关工作封装起来，交由第三方供应商全权接管，让用户感受不到服务器的存在，代表真正"云式操作"的云平台服务，可简化开发、规模经营、降低基础设施成本。无服务器 PaaS 预计在未来 2 到 5 年迅速成为主流。

8. 数字孪生

以数字化方式为物理对象创建的虚拟模型，模拟其在现实环境中的行为，搭建整合制造流程的数字孪生生产系统，可实现从产品设计、生产计划到制造执行的全过程数字化。例如，一架飞机，依据动力、性能等数字孪生模型，可在电脑里真实地运行起来,方便调校各种参数。电影《钢铁侠》中斯塔克的研发过程,就利用了数字孪生技术。迄今,已有不少电气企业着手布局,比如美国通用电气(GE)、德国西门子。特斯拉公司还为其生产和销售的每一辆电动汽车建立了数字孪生模型。据预计,简单的数字孪生将在消费电子产品等领域快速应用。

9. 量子计算

这是一种遵循量子力学规律,以量子位(量子比特)为单元进行计算的新型计算模式。一个量子位可同时保存所有可能的结果,直到读到一个被称为叠加的属性。由于叠加性的存在,使得量子位状态可处于多种可能性的叠加状态,相比于经典信息处理,量子信息处理的效率上具有更大潜力。基于量子技术的硬件较为复杂,2015 年开始,研究竞赛非常激烈,主要玩家有 Google、IBM、Intel、Microsoft、D-Wave(加拿大量子计算公司)。其中 Intel 专注硅量子点技术,微软选择拓扑量子计算,两者较冷门,主要的竞争在 Google 和 IBM 之间。骄傲的是,2017 年 5 月,中科院宣布中国建造了全球第一台超越早期经典计算机的光量子计算机。

10. 立体显示

可将物体呈现为三维效果,采用 360 度球面视角,可跟随观众移动,可以创建出高度逼真的幻觉效果或立体的视觉感受。目前,立体显示技术还没有走出实验室,商业应用远未起步。好事者可以想象下,电影《星球大战》中莉亚公主、黑武士等通话中呈现的实体图像。当然,技术的场景肯定不止于通话,至少网红女主播会迎来新一波爆发。

11. 脑机接口

脑机接口（BCI）是一种用户界面，用户可通过计算机读取脑中的信息，经过计算处理，让信号转化为相关的反馈指令，计算机或者接受脑传来的命令，或者发送信号到脑。这个黑科技是科技圈内的热点。特斯拉 CEO 伊隆·马斯克创立新公司 Neuralink，涉足该领域；脸书 Facebook 的硬件开发团队展示了用脑波打字的项目，他们准备打造相关的穿戴式设备系统。

意念意义上的"永生"，也许能通过 BCI 实现。

12. 会话式用户界面

会话式用户界面（CUI）是一个高层次的设计模型，用户和机器以口语或书面自然语言交互作用，其交互作用范围可从简单的话语（如"停止""是"或"现在几点""12：24"）到高度复杂的相互作用（收集犯罪案件的证人证言）和高度复杂的结果（如为用户创建一个抽象的形象）。与 CUI 相比，现在的智能音响就是个玩具。

13. 智能工作空间

指嵌入了计算、信息设备和多模态的传感装置的工作或生活空间，以支持人们方便地获得计算机系统的服务。在智能空间的工作和生活过程，将是人与计算机系统不间断的交互过程。目前，阿里巴巴与 P2（People Squared）联手，共同打造了全球第一款智慧联合办公概念空间——神鲸。

14. 增强数据挖掘

其标志性的特点是下一代商用智能和分析平台，可使用户自动发现、想象和叙述相关研究，例如相互关联性、整体预测等，无须建立模型或写算法，用户便通过可视化搜索和自然语言查询数据，支持自然语言生成的结果解释。这将减少数据缺失与人工手动探索造成的"重要见解不正确"风险，有助于优化对策建议，希望它比我们好多高管的经营决策更靠谱些。

15. 边缘计算

指的是一种分散式运算的架构，将应用程序、数据资料与服务的运算，由中心节点处理的大型服务加以分解，切割成更小与更容易管理的部分，分散到边缘节点去处理。在这种架构下，资料的分析与知识的产生，更接近于数据资料的来源，更适合处理大数据。

16. 智能机器人

可在物理世界中自主工作，在短期间隔中学习，接受人类监督、培训和示范，在人类的管理下工作。国内互联网的BAT，国外的谷歌、IBM、微软、脸书、亚马逊等科技巨头均在投入巨资，抢占智能机器人的战略制高点。智能机器人的高可靠性、高安全性、高生产力以及低成本，将在大量行业中表现强竞争力，相关宣传和期望将持续增长。

财经作家吴晓波也对中国经济和商业的未来十年做了预测，他认为：

1. 养老行业成为中国第一行业。中国经济总量逼近美国，中国的城市化人口达到9.4亿，70%的人变成城市人，中国的老龄化人口超过30%，所以10年后中国最大的产业一定不是房地产行业，而是养老行业，养老行业会成为中国第一大行业。"60、70后",很多人将成为全球规模最大的高净值群体,我们会卖掉全世界所有好的服务。货币增发加剧资产泡沫化程度,也就是你现在的钱如果不通过增值的方式,10年后很可能变得不值钱,这是一定会发生的事情或者极可能发生的事情。

2. 奇点时刻临近:机器人智力逼近人脑。最近有一部美剧叫作《西部世界》,剧中人和机器人面目全非,无法分辨,机器人本身都不知道自己是机器人。如果未来"奇点"那个时间到来的时候,人的伦理、人对自我能力的理解将发生怎样的变革?未来10年有一件事情会发生,就是我们今天所认为的很多能力,在10年后不再是能力。我前两天有一个医生朋友到美国麻省的医学院去看,回来以后他跟他的院长说,未来医院的放射科5年到10年内会消失,为什么?因为他在麻省理工学院看到一件事情,医生戴了一个AR眼镜,不需要任何的扫描,直接把你的淋巴结全部扫描完成。美国现在的无人驾驶汽车一直没办法上路,一直无法立法通过,什么原因?两个原因:第一,一辆汽车正在开,一边是悬崖,一边是一个妈妈带着小孩;如果是人的话会选择避让,人就掉到悬崖;如果是无人驾驶汽车,一定会直接撞过去。那么,这是车杀了孩子还是你杀了孩子?第二,无人驾驶汽车一旦被立法上路的话,第一批被改变的不是家庭轿车,而是运货车。美国货车司机300万人,中国800万,美国司机工会是全北美除了钢铁工人工会以外的第二大势力工会,你敢得罪那300万人吗?这些技术变革,一方面面临伦理问题,另一方面面临社会问题。所以未来10年一定是比刚刚过往的10年更精彩的10年。

3. 中心化的互联网会消失:万物联网时代到来。

未来10年里，今天这样中心化的互联网一定会以某种方式在某个时间点，被以区块链为代表的去中心化的互联网思维所迭代和革命，这是一定会发生的事情。

4. 新能源革命：石油时代会终结。中东有一天可能又会变成骆驼统治的地区。

5. 创业革命：70%的现有品牌会消失。

未来基于前沿科技的世界，我们大致可以划分为五重：一是技术世界，在这个世界里技术掌握在高校和一些研究机构，广泛的共识尚未达成；二是产业世界，在这个世界基本达成技术共识，出现相当数量的创业公司，但尚未在C端建立接口；三是商业世界，这个世界出现面相C端的产品和模式，有2—3家互联网巨头进入；四是法律世界，这个世界开始探讨技术商业化带来的法律问题，并进行讨论、催促立法；五是自然世界，当初的技术成为普惠技术，不再成为话题，不断出现垄断。

对于未来的世界，我们的认知与行动的关系变得更加辩证和重要。当我们无法完全认知未来，无法获得确定性的预测的时候，我们应该用行动去拓展认知，行在知前，可能在这个时代更为重要。

对于未来的世界，马云认为应该从中小学教育开始做好准备，他认为培养孩子算数有多快、记忆力有多强是没用的，人工智能一定比人做得更好，应该培养孩子的担当力、责任感、大局观、全球观，这是机器做不了的事情。

而那些世界著名的企业领袖们早就在用行动探索新知，用新知支持行动，我们看到马斯克、贝佐斯们都在迈向星辰大海。最近全球最大市值之一的高科技公司苹果公司的CEO蒂姆·库克，也在杜克大学的毕业典礼上发表演讲，鼓励人们探索未来！他认为生活最大的挑战是突破世俗认知，而不要只接受世界的成规，也不要安于现状，并告诫说，如果人们不敢尝试不同的东西，我们就无法征服挑战，也无法做到长久的提升，要敢于"think different"；他表示无所无惧就是迈出第一步，即使你不知道这条路将会带你去向何方，拥有一个更高尚的目的，让这个目的鼓励着你，而不是让其他人的喝彩鼓励着你，你要学会在人群之外时展现你的个性，而不是站在人群之中的时候。

> 小结：未来10—30年，新技术驱动下的智识革命会爆发，人工智能和区块链会深度改变世界，商业经营创生出颠覆性规则，甚至人类永生之梦逐渐落地实现；而我们之所以逐渐失去精准预测未来的能力，是因为一切已经在自我进化和生长，并非是在人类的绝对精密操控之下进行，至于长成什么样的庞然大物或者新生物种，我们并不能十分笃定，只好用不断的探索和行动来拓展认知。

番外篇（二）：世界杯上的广告和反映出的认知

2018年的俄罗斯世界杯冷门迭爆，球迷们一言不合就上天台，为Pick的球队哭天喊地，为争辩梅西和C罗谁是最耀眼的男人而喷水三千……然而，或许您已经注意到了，中国足球虽然缺席，但中国企业成为耀眼明星，赞助商所获眼球丝毫不落下风。

然而，最最令人震撼的是，我们几家企业的广告一出场就奠定了世界杯三大洗脑神广告地位，他们被网友和球迷一致推选为本届世界杯广告粗暴直接的冠亚季军，充分表达了企业对于人类脑神经的认知水平，他们就是：BOSS直聘、马蜂窝和知乎。

◆**BOSS直聘：歇斯底里第一名！**

也许是为了迎合世界杯球迷们呐喊助威的激动人心场景，广告中的演员们统一穿着白衬衫，脸上都画着油彩，手里高高举起横幅，仿佛打了鸡血，异常兴奋。更魔性的当属他们嘴里喊着的广告词："找工作！直接跟老板谈！找工作！上BOSS直聘！升职！加薪！升职！加薪！升职！加薪！"

粗暴，简单，重复，直至被记忆，这或许就是BOSS直聘企业方的广告认知吧。但是他不知道的是，我看完这个广告，瞬间卸载了这个App。

◆**马蜂窝："黄轩脱粉数十万的水平"**

黄轩——国内无数妹子们心目中的男神，居然在世界杯期间被嫌弃得连多看一眼都觉得尴尬，原因就是马蜂窝的广告。在马蜂窝的广告中，黄轩站在黄色的背景前，拿着手机依旧帅气地说道："旅游之前要先上马蜂窝"，而旁边的唐僧油腻地打断黄轩，贱兮兮地多次追问"为什么要先上马蜂窝，为什么要先上马蜂窝，为什么要先上马蜂窝……"，表情夸张到想让人伸手把他从屏幕中拽出来暴打一顿。

引起人们的情绪，哪怕是反感，也是广告的成功，这或许就是马蜂窝企业方的传播认知吧。他们自以为有魔性有创意。我想问：你们真的不怕，用户们旅游之前，先跳过马蜂窝吗?！还有，他们可能不知道的是，很多网友表示看完马蜂窝的这个广告后，已经卸载了他们家的App。

◆**知乎：吴然弟弟的"盛世美颜"也救不了**

向来以不食人间烟火著称的知乎，曾经的广告都是这样的：

"出发，到达。看得越多，越想看更多。没有答案，旅程依然存在。而我的旅程，因答案而不同。"

或者探究"已知"和"未知"的边界：已知和未知的边界在哪里，你知道很多，你想知道更多，你想知道这道题怎么计算，你想知道更高的天是什么样的……

但是本次世界杯的电视广告却变成了这样的："你知道吗？你真的知道吗？你确定你知道吗？你真的确定你知道吗？"

有网友立即回复：我不确定我知不知道，但我确实挺想上知乎提个问，为什么知乎的世界杯广告这么烂？为什么这么烂？一个网友在如何评价知乎在世界杯的广告中回答：你想知道如何评价吗？你真的想知道如何评价吗？你确定你想知道如何评价吗？你真的确定你想知道如何评价吗？有问题上知乎！装知乎！上知乎！问知乎！刷知乎！卸知乎！删知乎！

有网友直接恳求：昊然弟弟，求求你以后不要再接这样的广告了，虽然你极力地展示出"灵魂拷问"的睿智感，可是这个广告词真的很硬很粗暴……

除此之外，获得入围奖的还有：

以循环文案洗脑的优信二手车——在优信二手的 PPT 广告中，"小李子"莱昂纳多仿佛是破产的落魄总裁，脸上挂着尴尬不失礼貌的微笑，"车网上车商城，三天无理由退车，大平台更省心"这句文案整整循环了三次……

谜之脑回路的东风日产——"球进了"，"伟大的东风日产"，"他不是一个人在战斗"……

广告做得好，是可以成为经典，被人们永远记住的，譬如阿迪达斯、耐克、可口可乐的世界杯广告，多说一句，本次可口可乐的世界杯广告恰恰是冰岛队守门员哈尔多松，广告从 2018 年世界杯足球赛切入，以"维京战吼"为素材，单是听音乐就燃爆了，更不用说配合着冰岛美不胜收的自然风光，胸部的拍打声、相机的快门声、球员进场的声音，再加上可乐的开瓶庆祝声，瞬间让人热血沸腾，这则广告将冰岛人独特的足球情怀展现得淋漓尽致。不少网友感慨，中国和冰岛的广告水平差距，可能比中国和冰岛的足球水平差距还要大。

用心的广告才值得被回味。而烂广告如同是世界杯盛宴上的苍蝇，令人厌恶却躲不掉。但显然，这届世界杯，中国这几家企业的广告没能以创意、有趣和情怀取胜，反而因为魔性、低俗和洗脑被人记住，我们的广告似乎只需要重复、粗暴、直接，根本毫无美感可言。

我想，这与其说是审美的问题，不如说是认知的问题。我们对于广告的认知，还停留在信息纷杂环境下如何让大家看到你、听到你的层面上，还停留在"一句话重复一千遍就是真理"的浅薄思维上。这也从某种角度，反映出企业经营的水平，无法建立正确的认知，必然在做正确的事与正确地做事的辩证逻辑中迷失，而其根源，则是情怀的缺失、愿景使命的缺席、用户价值观树立上的缺乏。

当然，这次世界杯的广告，也有出人意料不错的，如VIVO、OPPO，其广告表现的品质感和诉求的精准表达感都相当不错，大家可以自己从网上下载来观看，较之以往有让人眼前一亮的感觉，充分反映了其认知水平的提升。

第四章 市场边界的背后

导读概要

1. 企业经营遵循的市场边界不断被突破，那么，我们究竟该如何认知？我们如何认知格式化生存环境，如何认知赛道转换，又如何认知技术和人文？第一性原理可能是一种可以提供认知解读的最好工具。

2. 格式化环境的历史很长，但今天却陡然加速，无论是获取知识的阅读，还是衣食住行的各类消费，亦或是文化娱乐的消遣，在互联网时代被重度刷新；好莱坞模式则提供了格式化生存环境下认知塑造和输出的最佳案例，并取得经营上的成功，值得借鉴。

3. 人生是一场赛道之争，不要输在起跑线上不仅仅是针对孩子，赛道选择要有认知智慧，赛道切入要结合定位策略和单点突破技巧，赛道长跑要有足够的付出、耐力和专业度。

4. 技术发明人性，创造人文，这是技术成果对于人类的反驯；而人文精神则是企业经营的核心服务器，从中可以产生出愿景使命及认知维度等重要内容，从而使企业得到核心的竞争要素。

一、恭喜你进入格式化生存

——内容即推广，游戏即营销，颜值即正义，认知即概念……

（一）格式化阅读：内容即推广，认知即概念

作为一种计算机语言，格式化在本义上就是把一张空白的磁盘或硬盘划分成一个个小的区域，并编号，供计算机储存、读取数据，就像在一张白纸上打上格子，便于以后的书写，没经过格式化的磁盘计算机就不知道在哪写、从哪读。

在今天，计算机意义上的格式化，已经十分明显地在重度格式化着我们的生活方式。

上文我们提到认知能力或成为人们之间、企业之间的核心竞争能力，然而还有一个我们不得不面对的事实是，**人们借以提升认知的阅读，被严重格式化了。**

面对大部头经典书籍进行纸质化阅读的人越来越少，古代诗歌中的"烽火连三月，家书抵万金"的场景也因为电脑和互联网而改变。读万卷书，行万里路，当万里路的行走被飞机、高铁、汽车等交通工具代替，而万卷书的阅读也不再是用"汗牛充栋""韦编三绝"来形容的了，毫无疑问的是，纸质书的阅读在越来越多的领域和场合，已经让位于电子化阅读。

如果说，当年的电脑端的电子化阅读还没有让人电子化成瘾，那么，移动互联网的硬件和软件则彻底将我们的阅读习惯重新格式化。硬件上，苹果手机、iPad的推出，亚马逊Kindle及可携带式平板电脑的大量出现，到今天各种类型和品牌的大屏幕智能手机几乎统治了百分之百的手机市场，甚至下沉到了广阔的农村市场，于是，全民阅读似乎被演变成了全民电子化阅读。

软件上，微博、微信以及今日头条等媒介方式则通过人们创作书写方式的改变，从内容的供给端改变了人们的阅读习惯。

　　微博最早是最多能发送 140 个字，其所能够提供的信息和逻辑很难展示完整，却满足了信息化时代人们阅读上耐心耐力不足而喜欢猎奇的特点。

　　而微信公众号的出现，则是对人们阅读方式的再一次重新格式化。微信公号的创作者们，为了吸引用户的眼球，不得不采取一些比标题党还要标题党的起标题方法，长段落不得不改为只有几句话一个段落，段落之间不得不空行，读到某个地方，图片或短视频就该出现了，一篇获得 10 万以上阅读量及诸多点评赞的好文章，基本上不会超过 2000 字，否则用户阅读下来就会胸闷气短腿抽筋了。久而久之，这种标新立异和重口味阅读成为多数用户的阅读选择，他们中的很多人几乎没有能力认真完整地看完一个长篇报告了。一著名自媒体人就曾分享过自己的文章写作，她认为使她成功的不是思想和内容价值，而是产品逻辑，她会从标题优化、内容选题、角度界定、场景采访、网络俚语、总结复盘等几个方面进行产品化加工，最终以获得更多用户参与为目的。

　　有人进一步总结出 10 万以上阅读量的文章的特点：

　　简短、画重点、微信体：这恰恰说明现代人不同程度地患上了阅读障碍和阅读恐惧症。

　　笃定、条理清楚、逻辑简单：举个例子，严肃的医学文章没人看，但民间小偏方盛传。

　　承诺效果明确：看了就有用，转发就受益。

　　很明显，现在媒体尤其是很多自媒体的逻辑不是解决问题，也不是告诉你真正的道理，它要的是你来阅读，然后有传播的冲动，去帮它分享，最后通过里面的广告获得一些转化率；所以对于自媒体人或者是网络达人来讲，他们就是要阅读率、传播率，没有传播就会死掉，所以它会哗众取宠，会讲一些新奇的、获得大众认同的东西。而我们在接收这些内容时，如果没有一道隐秘且坚实的防火墙，就会很容易被它的整个逻辑绑架。

被格式化阅读了的用户可能很难或不愿意去相信，世界上真正有用的道理都是复杂的、不易说清的，有些甚至要给它反面的道理留下空间，凡属独断论色彩的文章都是骗人的，因为它是以牺牲大量的复杂性、模糊性、异变性、不确定性为代价，来给出一个简洁明快、手到病除的解决方案。

内容即推广，这是格式化阅读状态下的媒体传播或自媒体创作逻辑。

现状是，现代人的阅读模式很难获得持续稳定的审美愉悦和情感陶冶，吴伯凡就说，现代格式化的阅读"很难令人享受到读长文时屏住呼吸后一下释然的解放感，那种认知的快感是需要积聚到最后的爆发才会有，它的内涵当量相当于炸弹，而如微博体、微信体的当量也就相当于放个鞭炮"。

与此同时，如果长期阅读迎合现代人的流量媒体，会令人思维幼稚肤浅，试图由此来提升认知，往往这种认知也会被简单地格式化或概念化。

因此，阅读格式化，深深影响着企业经营者们大脑中认知提升和概念推理，由于标新立异以获取关注的格式化生存特性，企业家及其高管团队们在认知提升上通常以快餐式的概念提炼作为替代；认知是一个发现世界的角度、一套阐述世界的系统逻辑，而商业上提炼概念则相对简单，可以只需要一个标题、几个关键词汇，或者再加几句解释就行。**认知即概念，这是格式化生存下认知提升所表现出的重要特点。**

另一方面，格式化阅读也会培养出一批刷新了认知模式和思维方式的用户。在"平行世界,事实不是只有一个"一节中,我们的用户被清晰地划分为"二次元"、"佛系"、"95后"、新女性、城镇青年等几个不同的世界,在每个独立平行且自我生长的群体中,虽然他们自己毫无感知,但其实已经深深地打上了格式化生存的标签。

(二)重口味消费:颜值即正义,游戏即营销

各种类型的用户世界既相互平行,也拥有大致相同的特点和禀性。比如,他们共同面对着重口味化的内容消费,并不同程度地被吸引。所谓重口味化的内容消费,哪怕是看似看淡一切的佛系少女,在阅读上也更倾向于微信微博体的标新立异的标题,在看短视频和电视综艺栏目时更倾向于尺度较大或直指身体及内心的内容,甚至连口腔味蕾对于食物的接收类型也更倾向于那些火锅、沸腾鱼、麻辣烫等刺激性食材食料。

这里告诉大家一个被忽略的有意思的现象。

我们发现几乎所有的都市爱情电视剧,男女相爱的价值观基本上都会尽量不与金钱相关,譬如一个霸道总裁爱上一个灰姑娘,灰姑娘要么是不知道霸道总裁是霸道总裁,不知道他家世显赫财富等身,要么是即使后来知道了,使他们最终在一起的永远是她爱他的自立自强、他爱她的自强自立;再譬如一个富二代公主爱上一个穷小伙凤凰男,穷小伙凤凰男要么是不知道公主是公主,要么是即使后来知道了,穷小伙凤凰男也会通过自己的努力,更好地帮助到了公主和公主的家庭,使他们最终走到一起的永远是他们真正相爱、男女主人公都自立自强互相帮助。在爱情和婚姻中,这个社会真实的情况可能是门当户对,但社会被格式化了或被认知引领的价值观一定不是暂时的门当户对,而是爱情。

然而，我们似乎忽略了一个细节，那就是颜值。你会发现，无论是灰姑娘还是穷小伙，她（他）可以家徒四壁，可以一穷二白，但不可以不漂亮，不可以不帅。双方可以因为爱情而不是金钱而爱上彼此，但如果灰姑娘难看、穷小伙貌丑，在我们的电视剧编剧和观众眼中，他们不会产生爱情。哈哈，这个秘密你发现了吗？

所以，网友有句话堪称经典：**颜值即正义**。而颜值，就是被格式化了的认知和审美，也属于人们重口味消费的一部分。当然，你也可以说是爱美之心人皆有之，颜值欣赏是人类千万年来进化的结果。但是，颜值即正义的颜值控就不仅仅是历史进化，而是严重的审美格式化问题了。

同样，前文也曾提到过的商业游戏化、经营数据化等也是我们面对的格式化生存的一部分。

甚至可以说，游戏即营销，这顺理成章地成为商业日益游戏化环境下的营销关键词。

具体来说，商业游戏化不只表现为网络游戏尤其是手游成为很重要的产业，每年创造巨大的经济效益，同时还表现为在经营用户和互动营销中，企业更多采用了游戏化互动的手段，犹如微信体阅读一样，游戏化营销日渐成为营销主流方式。不仅仅是互联网企业，还有大量线下企业和品牌也都纷纷使用微信 H5 页面设计，大量推出砸金蛋、抽红包、轮盘赌、游戏闯关夺奖等活动，就是那些巨无霸企业，如阿里巴巴也是惯用游戏方式来推广预热自己的产品、模式和活动，一个线上促销时点的"双十一"，硬是被做成了一场消费节的春晚。

你可能尚未察觉或者有所察觉，无论如何，现状就是，在格式化生存的环境下，**内容即推广，游戏即营销，认知即概念**……

那么问题来了，在如此严重的格式化环境下，甚至认知提升都受到格式化影响，我们将如何通过提升认知以及明确使命价值观，从而提升企业的核心竞争力？

（三）好莱坞模式：格式化生存下的认知输出

如前所述，如何确保认知成长，在"做正确的事情，还是正确地做事"一章中提到第一性原理，在关于认知税一章中提到过从未来看现在，包括以平行世界的多维度体察和认识环境，这些可能就是现阶段所能捕获的某种答案。

为了方便说明，我们举文化产业的例子。现在文化产业化、娱乐化是一个不可逆的趋势，越来越多的资本进入，使得曾经小作坊式的文化机构被大型文化集团取代，大制作、大手笔、好莱坞模式成了某种标准。请注意，好莱坞式，也是格式化了的认知输出。然而，在格式化了的认知环境下，如何去粗取精、去伪存真地形成正向良性认知，好莱坞提供了良好的模式。

我们知道，好莱坞有着成熟的内容打造模式：（1）首先是产业化程度非常高，在制作上有严格的流程和工序，比如由制片人提出意图，交由编剧部门写故事，再到噱头部门添加笑料，补充情节或生活化场景，然后到专门的设计部门去写出对话，剧本定稿后，由总导演将其交由分导演，去安排协调调度，等等。（2）其次，在内容逻辑上体现出了几个特点：二元性——文化价值与反文化倾向的对立；重复性——反复使用题材和素材；累积性——效果主要靠冲突过程刺激的累积；预见性——情节大致相同；怀旧性——总是启示人们在回忆过去中令现实变得更理想；象征性——总是从各个角度象征出某种文化和精神；功能性——总是力图安抚观众的心灵。（3）最重要的是，好莱坞成为了人们认知思维的影响者和引领者，你看无论是爱情题材、警匪题材、科幻片、灾难片，它都试图引起观众的共情，我们曾经习惯于用"共鸣"这个词,但个人觉得共情比共鸣更精准,比如爱、家庭亲情会表达出人们的安全感,男女爱情会激发出人们的探索欲,兄弟合伙人之间的友情会触发人们的思考,这一切其实是在探索演绎不同环境下(甚至是科幻到神性世界)的人性,而最终的胜利者,往往是更高的愿景和使命的胜利,而非资源和力量。

克里斯汀·汤普森在其1999年出版的著作《新好莱坞的故事讲述》中从几个部分对这种格式化模式进行了阐述。

第一部分是建制部分,它的任务在于建立人物的世界,确立主要人物的目标,在接近半个小时的地方以一个转折点来结束。

第二部分称为复杂行动,它为主人公创造出一种新的常态,而在影片总长一半左右通过下一个转折点的到来,让主要事件结束复杂行动。

第三部分为发展部分,前提、目标以及障碍等详尽规定至此已经全部得到介绍,通常要在这里出现的是主人公为追求他或她的目标而奋力挣扎,经常包括能够促成行动的一些事件,以及忧虑和迟疑等;这一部分的功能在于推迟主要行动,延缓或是详细叙述次要情节,这类似传统幕式结构中的第二幕,主人公在努力却通常没有取得什么实质性的进展。

接下来是高潮部分,通常也会出现黑暗时刻,迫使主人公采取行动或作出决定,从而决定目标的实现与否。

通常在四幕之后还有一个尾声,用于巩固形势的稳定,同时安置次要情节,集中强调母题,这个屡试不爽的模式就像是主流商业片颠扑不破的真理。

当然我们必须承认,这是一种格式化的文化内容和价值观输出,也必须承认好莱坞模式并非完美的,甚至在很多方面过于类型化而让文化变得肤浅,然而不得不承认的是,这一切却也形成了人们围绕第一性原理不断探索世界和探索人性的认知框架,从经营的角度,这是成功的。

好,既然兴之所至,索性就针对电影产品多说一些。大家还记得我在前文中提到的于老师吗?他是一个很不错却不著名的编剧,他有一篇文章就说,中国影视总是想去迎合市场,而不是从产品思维去进行创作完善,所以大多数时候烂片不可避免。在这里也提醒一下,长期观看认知肤浅的影视作品,可能会出现某种程度的认知障碍甚至智商下降。

举个大片《长城》的例子吧。从大家对这部影片的豆瓣评分来看,说明观众的欣赏水平是没有问题的,导演对观众不满的批评可以休矣。《长城》号称好莱坞式的大片,但它的问题在哪里呢?

一是主题抽象,反应出认知模糊:马特·达蒙初至长城就被景甜灌输"信任"价值观,这更像是张艺谋在束手无策的情况下,用苍白的语言与情节为电影强加一个主题,不幸的是,电影最主要的部门所发生的一切都与这个主题毫无关系。而做得好的,如《疯狂动物城》中的"Everyone can be everything!",《血战钢锯岭》中文戏与颇受称赞的战争戏都聚焦在"信仰"这一个主题上,《美国队长3》则聚焦在两个超级英雄矛盾的产生、暂时平静、突然爆发与解决……

二是叙事混乱,反映出逻辑架构缺失:好莱坞的灾难电影,无论是外星人来临还是丧尸大军来袭亦或是气候突变带来的世界末日,都会在灾难来临之前用一个相对清晰的逻辑建立起一个世界观,人物的动机都在这个世界观的背景里变得可以理解。《长城》显然放弃了对这种世界观的架构。片中景甜作为女主角,被说死就死的张涵予委以大任,直到片尾我都没弄明白到底何德何能,马特·达蒙的一切动作都不能找到一个合理的动机,他毫无理由地带上了一块不知从何而来的磁石，也毫无理由地带上他一刀砍下的兽足，最主要的是饕餮作为贪婪的化身，其来源竟然没有一个科学合理的解释，等等，这些细节之生搬硬造完全失去了铺垫草蛇灰线的神秘感，更像是几条把前后分裂的剧情连接在一起的塑料线。

　　三是人设崩塌，反映出我们的电影表面是迎合市场，实则是缺乏用户思维和共情基因：中国主流商业电影的对策往往是云集大牌明星，如《爵迹》《澳门风云3》等，这些明星的形象别说丰满，连完整都成了奢望，甚至连脸谱化都说不上。《长城》也让这些明星散落了一地：我们不知道张涵予是个怎么样的人，他就死掉了；我们不知道彭于晏、黄轩、林更新是个怎样的人，因为他们都在跑龙套；我们不知道陈学冬……抱歉，我们甚至都没有看到陈学冬；我们只知道景甜扮演了一个没什么用还被委以大任角色，马特·达蒙是一个不小心拯救世界的普通雇佣兵，刘德华是一个看上去满腹计谋其实想不出什么主意，绝大多数情况下还得贡献体力的军师，鹿晗是一个笑点，也承包了鹿晗粉丝们的泪点，王俊凯扮演了一个一开口就让大家出戏的皇帝……没有对复杂环境下人性的表达和探索，自然无法引发观众用户的共情，说白了，我们甚至认为很多人在这方面缺乏共情基因。

　　有人可能会问，你这一节不是要写格式化生存吗？怎么说起电影来了？我要郑重地说，你以为好莱坞电影只是电影吗？错，它其实是最好的文化产业制造商，是格式化生存环境下人们认知升维的服务商，只是我们也都知道，在一个市场上如果只有一家垄断性企业提供服务，那将是一件很不好的事情。

　　那就看我们能否自己首先在认知和逻辑上不出问题了。最后说一句，格式化生存谁都逃不掉，我们能做的主要是认识到这个问题。

> **小结**：格式化生存既刷新了我们的市场经营环境，也刷新了我们的认知，而这一切都是不可抗拒的。但如何在这种环境下梳理认知和环境，上文提及的第一性原理就是最好的思考工具。好莱坞模式的成功，就是利用第一性原理对于文化影视行业进行技术化、工业化以及流程量化的成功，也是格式化环境下人类认知塑造和输出的成功。你可以批评它对于文化本体的恶劣改造，却不能否认其市场化成就。

二、我们穿越在赛道上

——赛道选择体现战略智慧，赛道突破要有杀手气质

（一）赛道的切入逻辑

所谓赛道，通俗地讲就是比赛的跑道，现在被广泛应用到创业和企业战略上。选择赛道，表面看来是经营策略，其本质上却是定位战略，而背后实则是一种认知游戏。马云不是常说，多数人是因为看到才相信，而少数人是因为相信才看到？相信，就是信念、认知。

对于经营中的企业，引入赛道理论，则能够让企业经营者更好地审视自己的商业模式和市场地位，做出更好的调整和创新，从这个角度上，我们都是在各种不同的赛道上奔跑的人，只是更多人的起跑比其他人晚了很多而已。

而对于创业企业则是不断寻找细分市场切入，不断试错打磨自己的竞争力，从而成为新赛道的创建者或引领者。

我在第一章提到的关于同学陈总创业共享图书，在其当初的规划中有可能是一条赛道，然而却未成形便退败，赛道遂荒芜。

就拿共享模式具体分析一下，共享经济是大趋势、大赛道，而共享单车、共享充电宝等则是这个大趋势下的赛道分支，摩拜、OFO等都算是赛道上的优秀选手，是可以拿到奖牌的，街电、来电科技等也是如此。

很多行业的新赛道在一开始并不是十分清楚的，甚至很多人都根本意识不到这是一条赛道。另外，如果某个行业只有你一家企业在做，那是没有赛道的。所以，衡量一个赛道是否成型，有几个重要标志：一是进入的竞争者要多，如同科技前沿的五重世界中描述的，必须是从技术世界到了产业世界，出现相当数量的创业公司，至于到了商业世界，则是已经有了跑在前面志在争冠的2—3家巨头公司了；二是用户数量要足够，目前看来在趋势上的赛道用户要达到亿级以上；三是投资人纷纷前来洽谈，A轮、B轮、C轮融资络绎不绝。

譬如共享单车，一开始可能基于1—3公里出行痛点的解决，在很多一二线城市，1—3公里出行打车浪费资源、步行过于低效，于是二维码、智能锁控制的单车出行便瞄准了这个市场，由于市场切入比较精准，很快就从技术世界到达产业世界，赛道成型，注册用户量激增，又由于大量投资介入，尤其是BAT资金涌入，很快商业世界成型，早期的摩拜、OFO成为巨头。当然，不可否认的是，由于大量资本和玩家涌入这条赛道，车辆浪费和破坏环境的现象日益严重，法律问题也层出不穷；于是，行业慢慢冷静下来，泡沫渐渐褪去，大量中小型单车模式的跟随者破产，行业重新洗牌，寡头垄断出现，烧钱游戏停止，一切再度归于理性。

我同学陈总的共享图书，问题就在于没有瞄准某个痛点去切入解决，也没有竞争者大量跟进，自己沉浸于智能锁技术研发和共享取阅归还功能的实现，却无法引进更多资本来续命，最终导致设想中自己作为赛道领跑者，却并没有来得及看到赛道成型。

（二）赛道的确立和选择

那么，今天我们应该如何进行定位和认知选择，从而确立赛道呢？阿里巴巴的曾鸣曾用"点线面体"来描述新智能商业时代的定位，非常具有启发性和代表性意义，特在此分享一下。

"面"即是平台。平台通过广泛连接不同的角色，使之合作协同，同时建立各种机制，促使全局利益优化。"面"的工作是帮助平台上的玩家广泛联结，享受网络效应的好处。"面"通过匹配效率的大幅提升创造价值，这是一种全新的商业模式。淘宝是典型的"面"。"面"的立身之本并非单一产品或服务的研发能力，也不是市面上的稀缺资源，其核心价值是网络效应和协同机制。

"线"是平台上的众多商家。对消费者来说，"面"是各种服务和产品的聚合者。在"面"搭建的台子上，真正提供服务的是"线"，是海量的卖家。定位为"线"的企业，其核心工作是创造商品和服务，卖给客户。品牌商都属于"线"的范畴。"线"的兴旺取决于产品本身的竞争力，就是性价比，同样也取决于生产效率和营销能力。大部分"线"的核心工作是梳理和优化流程，包括生产、营销合作。"线"的定位和传统的B2C企业相似，但它最大的差别在于，今天的"线"是客户导向，同时一定要学会利用好"面"的价值。

"线"需要一整套全新的打法。一条"线"的战略，就是利用"面"的各种基础服务和能力，以较轻资产的方式快速发展。也就是说，一是充分利用"面"的网络效应；二是尽量利用

"面"上的资源和能力，而不是自己花费巨大精力和成本重复建设；三是还要善于整合"点"带来的机会。

"点"是每一位服务参与者。"面"的崛起，必然催生新的"点"，如滴滴的司机、美团的外卖配送员、知乎的知识类大V、喜马拉雅的播主。有很好生意感知的人，未必擅长大公司的运作。他们可以凭借敏锐的嗅觉，在特定时间抓住商机，提供一个快速成长的行业最需要的能力。面对这样的创业者，其实"点"也是一个很好的定位。"点"的战略足够简单，只需要在高速发展的"面"中发现好的"点"的机会。

"体"是由"面"扩张融合而生。"面"是"体"的最基本组成要素，在"面"的扩张过程中，如果有足够强大的基础，也许还会衍生出其他的"面"，进而形成一个日趋完善的"体"。以淘宝为例，因为支付和信用是淘宝市场的根基，淘宝孵化了支付宝。但支付宝也逐步走出了淘宝，变成了一个独立第三方的支付平台，并逐渐演化成蚂蚁金服。蚂蚁金服发展出多种创新普惠的金融服务，形成了另外一张新的"面"。云计算也如此，它的起步是支撑所有淘宝卖家的电商云，然后逐步衍生出其他的创新服务。这些"面"互相交错融合，推动中国经济升级换代，形成一个基于互联网的新型经济体。

这是阿里巴巴对于定位的思考智慧，在这个认知框架中，你要寻找自己的定位或者是赛道的话，就应该先搞清楚自己的能力和愿望，然后决定你是具体能力的提供者，还是产品和服务的整合者，还是市场/平台的建设者？这个问题一旦明确，后面的一系列问题便迎刃而解，像我同学共享图书的那种创业可能就会更多一分理性。

有了定位和赛道选择之后，最关键的是，如何实现它？

这里面，找到破局点或胜负手非常重要。什么是破局点、胜负手？就是在企业经营中能够牵一发而动全身的关键因素，而找到这个关键因素，需要有敏锐的嗅觉和杀手的气质。

阿里巴巴的曾鸣教授用从 0 到 0.1 来描述，他认为企业的战略发展划分为：0 到 0.1 的战略尝试期、0.1 到 1 的战略形成期、1 到 10 的战略扩张期、10 到 N 的战略执行期。最难的第一步，是 0.1，后面到 1，都是扩展的过程。

越是使命和愿景驱动的平台型企业，初始化越难。在 0.1 的阶段，核心是创新，是试错，这个阶段最重要的引导公司往前走的是使命，是愿景，是方向。这个阶段最需要找到的，或者是整个公司真正的关注点是尽快找到那个切入点，公司才能活下来。只有当你找到第一个切入点的时候，公司才开始正向积累。

对于大部分企业来说，早期从一个朦胧的感觉到一个相对清晰的认识到谁是你最早的第一批客户，你给客户创造什么样的核心价值？这个过程是非常重要的。举例来说，淘宝最早期的时候，那个最核心的点是便宜还是方便还是丰富，甚至是创新的企业？阿里巴巴对此进行了反复的思考。而最近比较火的拼多多，在电商红海中杀出一条血路来，活跃用户达到 3 亿多，且还在增长，成为了又一个快速增长的电商巨头，那么，它当初的那个从 0 到 0.1 的破局点是什么？很幸运的是，年轻的创始人黄峥找到了这个点，那就是将淘宝要打压的一大批卖家吸引过来，利用微信朋友圈等社交工具设计出来转发分享的砍价模式，迅速吸引了大批用户。

还是举阿里巴巴的例子，曾鸣教授有一次回忆说：淘宝从 0 到 0.1，当时国内零售平台，淘宝只排第四名，第一名是国美，第二名是苏宁，第三名是百联，但是到 2012 年，淘宝全网（含天猫）销售额就过了一万亿；后面能够跑得那么快，0 到 0.1 的原型、内核扎实是很重要的原因；淘宝早期的文化有一点非常重要,就是很泛,就是要玩得开心,问淘宝早期的员工,你们当时有没有觉得苦、做不下去的时候?他们说没有,大家就是玩得很嗨。所以早期创业这种状态,如果一个人太紧或者是一个组织太严是没有创新的可能的,有一定玩的心态才能完成大家真正的创新。很多企业陷入困境的原因,是在 0 到 0.1 的阶段里原型没有设计出来。

完成原型设计以后,就到了第二个阶段,0.1 到 1 的战略成形期。这个时候需要结构化思考的能力,把第一个阶段看到的种种方向、亮点逐渐收敛起来,重心开始转向团队,同时核心的团队要形成一个战略的共识,这个共识是开始形成公司往前发展的一个整体的指导工具,另外这个时候需要找引爆点,能快速规模化发展的引爆点。譬如,京东作为赛道上的另一家志在电商零售大展身手的企业,他在这个阶段要思考的那个核心引爆点又是什么?肯定不是便宜,不是砍价,而是好的商品和物流配送,于是很自然,京东的胜负手变成了自建物流。

到了第三个阶段,企业就到了 1 到 N 的时代,需要战略上越来越明确,然后与自下而上的创新有机结合起来,这是组织发展中一个非常大的挑战。美团、滴滴就是个很好的例子,他们都基本上在明确了战略后,采取了迅速壮大优化组织并在各自赛道上(前者是 O2O 服务赛道,后者是出行赛道)舍命狂奔,最后终于奠定了垄断地位。

(三) 美团的一个赛道之争的案例

当然,我们也看到,很多所谓的精英创业团队失败了,他们往往讲的都对,但是做出来都不行。这是什么原因呢?

其实就是创始人或者团队缺乏杀手的气质和敏感度。

来看看被誉为投资女王的徐新是怎么评价美团、大众点评和饿了么之间的赛道之争的吧：

饿了么这家公司是很牛的，张旭豪是一个非常牛的创始人。他因为自己喜欢打游戏，家里的外卖单子，想要的时候找不到，所以他自己做了外卖 App，这是原创的想法，非常牛。而且，他还教育了那些从来不会用电脑的餐厅老板，学会了接单，我觉得这是非常了不起的。

我很尊重他，我本来想投他的。但是在我们做尽职调研的时候，我在美国，美团的王慧文给我打了个电话，讲了两个小时。吧啦吧啦一讲，我说哎呀可能美团还是有点牛，所以我说两边同时看。

首先张旭豪已经做了三年，做得好好的，已经有了先行者的优势，也很赚钱，他的领导力和执行力都没有任何问题，他是非常牛的一个创始人。

但是他没有想到美团看上了这单生意。美团是怎么知道的？就是那个学习跟监管的能力。

首先美团有一个团队监控所有的交易，日过千单，立马跟踪研究，然后他们的雷达就扫到了饿了么，发现这是个高频、高毛利的平台，就开始研究。研究完了以后，就让王慧文来执行，王慧文学习了六个月就开始做，他的战略很简单，一开始就三个字：抄，抄，抄！

饿了么不是到学校去贴大字报，挂横幅吗？哦，你贴大字报？八点钟去？我们也来，十点多就把你的大字报正好盖上了，横幅我给你拉下来，然后就开始打地推战……

但是这些东西，都不解决问题。

做了六个月以后，王慧文已经了解到怎么做了，所以他在 2014 年的暑假招了 1000 个人，集中培训一个月，派到了

100个城市。

互联网没有地头蛇的,全部是nationwide。当时张旭豪还只是在几个城市,虽然赚钱,但有人跟张旭豪说,豪哥你要赶快弄,再不弄,你就要输了。王慧文一下就到100个城市,于是,这个战争就结束了。

当时美团同时还在和大众点评打,大众点评又是怎么输给他的?大众点评下三线城市太慢了,老是守着那一些城市。虽然大众点评后来也去了,但是去的时候,这些人没有洗脑,没有铁军的那种东西,所以好像打得有点辛苦,而且这个还没有结束战争。

最后是在战略上,我觉得美团这个团队很擅长深度思考。

美团他们最后真正赢了这场战役的根本原因是什么呢?

配送!坚定地做配送!

配送也不是它原创的。学习百度,它比百度执行更牛。每天前行30公里,你们看一下王兴的那个演讲,执行力超强,深度思考超强。然后他当时一个决策就是说外卖最核心。外卖的配送是一个非常好的网络效应的东西,所以他们就坚持做。所以现在50万外卖大军,穿着一个小黄衣服,"美团外卖,送啥都快"。现在市场已经打到61%,目标是70%。

……

最后徐新总结说,作为投资人,我们要寻找什么样的创始人?答案就是有杀手直觉的创始人,他能够看到别人看不到的东西,这个很关键;另外,学习速度要快,这是一个非常重要的标准;同时,志存高远,最关键是要够狠,要干掉小白兔。

（四）送给职场中人——如何在职场赛道上胜出的几种解读

如果你并不是创业者、企业家，而是一个职场精英或企业高管，甚至是一个大学老师或者政府公务员，到了单位赛道转换（机构重组、学科新增、企业战略转型等）影响到自己职业赛道转换的关键时节，又该如何实现赛道转换或保持领先呢？特别是我们这些中年油腻男们，恰巧碰到了职场天花板，又该何去何从？这个问题值得研究。

我最近观察当年的大学同学，无论是考取公务员从政的，还是到企业里进行职场打拼的，无论是考研后从事学术研究或是大学任教的，还是后来自己下海经商创业的，在毕业大约15年以后（也即大家的平均年龄在三十七八岁到四十岁之间），取一个平均偏上的水平值来看的话，大家各自的社会地位和行业影响力基本可以维持在一个水平线上。比如当年考律师的同学，已经是山东海商海事领域的专家，也做到了律所合伙人的地位，比如考取公务员的同学，好几个已经是处级干部，比如在职场打拼的同学，也做到了一线集团公司部门总经理或地方公司总经理的级别，比如当年考研后来做学术研究的同学，已经做到了中国社会科学院研究员，且开始带研究生……

当然，也有极个别特别牛的同学，因为有通天的资源或天赋，做到更高的级别，有更高的影响力，也有不少同学因为极其特殊的家庭或社会原因，他们处在了平均水平线以下，并没有创造更多的经济和社会价值，也没有获得更好的社会地位。这些特殊情况我们不做分析考虑。我们要关注的是，在相对公平的成长发展和职场赛道环境下，人们通过自身专业性的付出，基本上可以在赛道上获得一个相对稳定且持续成长的位置。

所以，我个人觉得，这是一个很重要的东西，就是无论你选了哪个行业或企业，你必须要保持不间断甚至不犯重大错误的工作付出和专业积累，从而获得赛道奔跑中持续的能量，这样大致可以使你获得一个相对平均水平线偏上的价值点。

但是，我们不能忽略的一点是，如果你所在的单位或业务发生变化，有些人成为获益者，有些人成为出局者，这可能会使赛道上的距离拉开的情况发生。我记得2015年下半年万达百货裁撤的时候，百货的人如果留在集团大多是降半格使用。于是很多人选择了离开，对于一批万达百货总部部门总级别或区域总级别的人，离开以后有的去做了一个地方公司的项目总，也有的做了某集团总部职能部室的副总裁或总经理，而留下的多数是做了万达广场单店的总经理。差不多两年以后，我们发现，出去到某集团总部做副总裁或总经理的，80%的人在一年左右很快就又面临跳槽，在其他企业做项目总的人差不多50%的人一年左右跳槽，而没有跳槽的那些人在2—3年内即使做得还不错，但是不少人仍然也只是保持同一级别而没有上升。

原因是什么呢？有生态环境变化导致的水土不服的原因，更大的原因则是，很多人所在的企业尽管也是业内有名，但因为缺乏快速扩张的战略选择和赛道优势，从而不能给职场高管们快速成长和晋升的机会。

留在万达的人则恰恰赶上了万达商业快速发展时期，一年五十多个店的开业，大的营运中心、区域公司相应增加了不少，很多人便获得了很大提升，我所认为的人当中，就有几个两年内连续跳级，从万达广场单店总经理，很快到总部任部门总经理，又很快成为大的营运中心总经理。

这样，在同一赛道（商业零售和商业地产）上，原来能力相差不大、级别相差不大的同事们，因为不同的选择和际遇，便有了级别、薪酬上的较大落差。

同时，我们也看到，很多人转换了赛道，不再从事商业零售或商业地产，而去了乙方品牌公司，去了其他行业，甚至自己去创业，成功者寡，遇挫者众。转换赛道对于中年职场人士来说是非常重大的事情，那么我们又该注意什么呢？

网上曾有个著名的转换了赛道的数据分析师，对自己转型成功做了回顾和总结：他认为选择转型是一件很冒险的事情，第一，需要有强大的内心；第二，愿意折腾，愿意继续学习；第三，耐得住寂寞，做好长线的斗争准备；第四，他个人觉得最最重要的一点就是，转型不光指是思想上的觉悟，行动上应该要跟得上思想，千里之行始于足下，如果只在脑海里面思考透，再去执行，机会往往失之交臂。

我对中年男人的职场转型是深有体会，我们总觉得自己是个善于分析利弊得失的人，喜欢观望，能够经常专业地评论他人和社会，但更多时候却焦虑于这个时代的变迁，始终在原地踏步，且由于种种原因恐惧于迈出第一步。

勇于迎接挑战并能够为心中的目标或者选择去付出是很关键的。我有一个朋友在一家新能源公司，他们去年来了一位新任的总经理。这位总经理是个哲学博士，专业上没有太多优势，而年龄上他就更没有优势，都快50岁了，按常人理解，很多人在这个岁数，根本就不会来一线城市了。但是他终究还是来了，刚开始对朋友公司的光伏产品不太熟悉，但没过多久，他就对公司产品的原理、结构和功能等了如指掌。后来朋友告诉我，他的这位总经理上司在刚来的那些天，除了熟悉环境和人员外，自己买了一大摞有关光伏产品的书，连续多天研读到深夜，早上还起早到厂区看现场，其学习和工作的投入付出远大于一般年轻人。而这，便是赢得赛道转换的关键。

简单总结一下的话，职场赛道转换核心要点为：一是无论什么行业，最优选择是那些具有快速持续增长基因的企业，而不是钱多、事少、职位高的虚假诱惑；二是要为心中的目标去付出，也就是前面曾讲到过的稻盛和夫的观点，"付出不亚于任何人的努力"。这些虽是最平实的观点，却是最接近真理的部分。

> **小结**：赛道逻辑使市场经营的边界不断突破，也使企业经营和人生经营更加接近第一性原理。我们不妨这样来看问题：赛道选择是战略和认知的产物；选择后的赛道切入则需要定位的智慧，需要单点突破才有机会进入其中；进入之后如何奔跑从而在赛道上胜出，则需要不断强化自己的专业能力，需要培养起自己"付出不亚于任何人的努力"的奔跑习惯。而对于那些志在赛道上冲刺夺冠的顶级卓越者来说，不但要强化自己的专业机能（不是技能），更要形成"杀手"的气质，培养出对于成败关键因素极高的敏感度才可以。我们知道，那些真正最伟大的企业家，都在极速奔跑中培养出了"杀手"气质，在极度敏感中聆听到了使命愿景的召唤。

三、技术与人文谁更牛
——技术不是人文的产物

（一）技术是商业运作的底层操作系统

很多伟大的商人都崇尚"商者无域"，因此他们的企业也开展出多元化业务。早在十多年前，主流商业杂志就有一个很著名的讨论，企业经营和发展到底是垂直聚焦好，还是多元化发展好？

曾经有过一段时间，专业化打败了多元化，尤其是一些中国企业老板对于做大规模有着宗教般的崇拜，于是大力发展多元化，最后导致了资源浪费和经营低效问题，从而失去竞争力，甚至是破产。这样的例子很多，吴晓波的《大败局》中也有类似案例，在此不细表。

但随着互联网企业的发展，在形式上有些类似多元化的生态模式获得了企业家和经营管理者们的青睐。腾讯、阿里等巨头们打了一个很好的样板。腾讯主做社交，又做电商，也做支付，还做游戏、文娱、电影，等等；阿里主做电商，又做支付，也做物流（平台），后来进军文化娱乐、体育、电影，等等。即使是小米，这家被资本市场视作是硬件公司的公司，在制造上不仅有手机，还有各种家电、可穿戴设备，甚至还有签字笔，还开了线上实体店，等等。

不是说越专注越好吗？为什么中国这些优秀的企业都在进行多元化发展？

秘密就是因为技术。技术结合了需求，突破了行业的壁垒，从而使融合生态成为可能。譬如阿里，它发源于电商，交易方式是在线上，于是就诞生了满足交易安全性的支付工具——支付宝，支付宝里的钱多了，于是就产生了提供资金红利的余额宝，又因为支付数据越来越庞大，于是数据便成为征信依据和重要资源，阿里云就出来了，大数据越来越庞大，数字化资产得以延伸应用，于是基于更多服务的业务也被产生出来，甚至包括体育和电影。

我们知道，现代资本主义发展，是因为工业革命使得蒸汽机和航海技术发展，于是促动人们去应用机器，于是产生企业这种组织形式，产生金融证券这种融资方式，甚至产生工会，产生了对员工价值的思考和关注。

在今天，那些伟大公司都是技术的产物，早期的苹果、微软不用说，电脑的出现使得公司的组织管理和经营方法发生了巨大变化；随着前几年智能手机的技术大发展，诞生了微信等一批伟大的社交工具和超级 App，于是诞生了一个蓬勃的移动互联网时代。当年，娃哈哈的宗庆后曾经对马云的"五个新"中的四个新表示不认可，唯独对新技术持肯定态度，足以看得出技术在人们心目中的重要性。

即便那些表面看起来是因为商业模式创新和市场开拓所延伸出来的发展或多元化，其背后的底层支撑依然是技术。

譬如万达集团，从住宅地产到商业地产，再到百货、电影院线、文旅、网络、金融，等等，百货、互联网算是失败，文旅尚在路上，其余算是成功，其发展的逻辑是什么？难道仅仅是战略转型的需要吗？我认为最关键的是信息化技术。

万达的商业地产之所以扩张那么快，现在达到每年开业五十多家万达广场，其速度将那些精耕细作的商业体远远抛在了后面，这个号称全球第一商业地产的发展秘密已经显露出来：首先从目标上体现了线下商业生态和数据的圈地挖掘，阿里云虽然是全球第三、亚洲第一，但其线下商业数据却不如万达，阿里大量并购线下商业的用意也在于数据，因此商业地产最后比拼的就是数据和计算；其次，支持万达能够如此扩张的核心竞争力是基于信息化技术支持的模块化管控，万达的成功固然是战略的成功，但更是执行的成功，其执行最成功的地方就在于不依赖于人的技术管控手段的成功；另外，万达在用技术为商业赋能，他们独自研发了实体商业的消防管理系统，研发了慧云系统，并购了一些人工智能的公司，等等，假如中间不出现大的失误，有一天你会发现，万达原来是一家基于技术创新的商业服务公司。

（二）人文是企业经营的"核心服务器"

记得在万达的时候，无论总部还是地方公司，办公室的文化墙上总是挂着一句话：人类的最高追求是精神追求，企业经营的最高境界是经营文化。这句话是王健林在十多年前说的，也是他的经营思想之一。

阿里巴巴的马云也反复提到自己的工作理想，就是一群有情有义的人，去做一件不平凡的事。

经营文化，有情有义，这些词汇描述的就是人文。我们来看看，为什么说人文是企业经营的核心服务器？

首先，我们一直提到的愿景、使命、价值观，赋予我们企业经营终极目标和市场竞争的顶层设计。愿景是解决你要到哪里去的问题，使命是你在这条通往目的地的路上所背负的责任和任务，而价值观是你要坚持的原则，这些东西便是人文在经营的源头所发挥的作用，也构成人类企业经营的终极目标。同时，我们在前文中也一直强调，企业之间竞争的表面是模式和资源，其实质则是愿景、使命、价值观，背后则是认知维度。有无数例子证明，那些倒下来的企业，本质上是倒在了愿景使命的缺失上。

其次，很多优秀企业在经营过程中要考核的，不仅仅是预算指标的达成，还有精神和价值观指标。如阿里巴巴，直接将价值观纳入 KPI 考核当中，并且占据相当大的权重。一个人业绩好，但价值观不过关，被称作野狼，最终也是要么改变，要么出局。现在的互联网企业，越是注重技术创新的企业，越注重人文建设，这是一个很有意思的现象。如华为这样将技术研发和绩效结果追求到极致的企业，也是一家对企业文化重视到无以复加的企业。原因在于，任正非认为唯有文化才能生生不息，他曾说过，人类所占有的物质资源是有限的，总有一天石油、煤炭、森林、铁矿会开采光，而唯有知识会越来越多，以色列这个国家是我们学习的榜样，一个离散了数世纪的犹太民族，在重返家园后，他们在资源严重贫乏、严重缺水的荒漠上，创造了令人难以相信的奇迹，他们的资源就是有聪明的脑袋，他们是靠精神和文化的力量，创造了世界奇迹。

再次，人文精神不仅可以赋予经营行为以意义，更是塑造团队的关键因素。我们回顾20世纪，与你方唱罢我登场的军阀相比，与装备更为先进的国军相比，孱弱的红军为什么能够坚持下来并最后取得胜利，基于愿景和使命的信念的力量是决定性因素之一，军旅作家王树增在一次讲座中专门提到红军行军，无论是泥泞的草地，还是险峻凄冷的雪山，都是斗志昂扬地唱着歌奔跑。嗯，唱着歌奔跑，还有比这个更强大的团队吗？现代的国内企业，很多都学习毛泽东时代的经营和竞争策略，却忘了人文主义精神塑造这一关键因素，所以最后多是画虎不成反类犬。马云在创业早期就特别注重对团队精神的打造，他有一段演讲，大致意思是说"大家一起向前冲，是一个团队向前冲，你就不会害怕，不会担心"，又说"如果我们像一些大公司那样朝九晚五的上下班，那样去做事，也不会成功"，还自嘲"其实我自己既不懂技术，也不懂经营管理，我只是个老师，但我点燃了团队心中的那一盏灯"。没错，点燃员工心中的那一盏灯和梦想，就是人文精神对于经营团队最伟大的塑造。

综上所述，虽然赚钱盈利是企业经营的主要目标，但人文精神却是企业经营的核心驱动力和服务器。

（三）人文发明技术，还是技术创生人文？

哥本哈根大学的计算机科学家开发了一种新的机器学习算

法，它可以通过分析人们如何滑动或点击智能手机来识别你是否诚实。在一项研究中，参与者被要求对手机屏幕上显示的颜色撒谎或说出真相。说谎者会花费更长的时间来回应。在另一项测试中，一个人收到了钱，并被告知要与另一个人分钱。然而，当允许人们对所收到的金额撒谎时，人们通常需要更多的时间才能输入捐赠金额。

这个例子中，我们看到的是，科学家发明了一项技术；但反过来，这项技术又在改变着人性的某些表现习惯。

《失控》的作者凯文·凯利在多次访谈中，假设了一种可能性，他认为很大程度上技术在人类出现之前就存在了，所以技术才是世界的主体，而人只不过是技术流变过程当中产生的一个副产品。而媒介理论家麦克卢汉曾经说过一句话，他说，**表面上人的大脑产生了技术，但实际上从长远来看，大脑不过是技术的一个胎盘**。

著名财经评论员吴伯凡认为，什么叫技术，就是说世界上有一个个困难，你怎么挑战解决这些问题，这就是技术的逻辑，这个逻辑是原先就存在的，然后逻辑借助于一代一代的人类的大脑，不断地繁衍，不断地进化，所以不是人在发展技术，而是技术借助不同的人在发展人性和人文，人们只不过就是它的一个通道而已。按照《人类简史》的作者赫拉利的观点，不是人类创造了农业，而是农产品奴役了人类，比如小麦，它从那么小的一个地方扩展到全球，占地面积比任何其他的植物都要大，你看起来是在驯养它，反过来看它也在驯养你，你不得不一年四季围绕着它转，且附着在固定的土地上。**这就是反驯理论**。

反驯理论非常有意思，让我们从这个角度来看一下企业家和职业经理人的区别：表面上看职业经理人为企业家打工，要为指标和任务负责，但反过来，企业家自己花自己的钱创办公司，要对公司负最主要的发展责任，包括员工的成长发展，这样其实也是在为员工打工；同理，职业经理人表面上看是打工者，努力工作为老板创造利润，但如果要把工打好，又要有老板和企业家思维，对工作和下属负起责任，这个过程中可以用公司的所有资源，如网络资源、系统资源、人脉资源等，把自己的经营能力提升上去，最终成为另一个层面的老板，所以两者进行了反驯，形成了互补的关系。

话说回来，很多人会坚持认为，技术首先要为人服务，人不能成为技术的奴隶。有的人甚至觉得最好不要什么技术，向往回到唐诗宋词的年代。然而，我们很快就会发现一个技术逻辑：从内容上看，唐诗宋词永恒的主题就是思念，是离愁别恨，而这种离愁别恨的原因是什么呢？是因为交通和通信的不发达！是技术层面导致的问题。"烽火连三月，家书抵万金""马上相逢无纸笔，凭君传语报平安"，如果唐朝那个时候交通方便通信方便，我们还能读到那些诗词吗？答案是否定的，就像今天技术发达的时代一样，我们不仅再也收不到家书，也得不到那些微妙的诗词境界和共情体验了，现在朋友们之间经常见面，即使天各一方的，在微信朋友圈也经常点赞问候，了解到彼此的近况，朋友聚会来了也没有特别兴奋，走了也没有特别失落，因为他走了马上发个朋友圈！

从另外一个角度来说，技术发明人性，首先是发明了人的大脑和身体。有一种观点认为，人之所以成为万物的灵长，站在食物链的顶端，原因就是人类的大脑比较发达，脑容量很大，脑细胞之间的连接更紧密，脑内的各种神经元及连接带宽更复杂庞大，节点也更多，这就跟互联网一样，节点多，带宽足，网络好用，按照此逻辑我们可以认为大脑完全是一个技术的产物。而火的发明，成了人类外挂的胃。人们借助于火做到了各种烹饪的极致，也吃到了各种美妙的食物。人吃熟食最重要的好处就是以后肠道不需要那么长了，整个胃的消化负荷就大大降低，这意味着能源效率大大提高了，现在肠胃根本不需要吃生食时的那么多能量，多出来的能量就供给了大脑。单就火这一项技术的使用，已经彻底改变了当时的人类习性，而随着技术不断发明人性，我们人文与技术的关系直到今天的互联网时代都十分重要。

照此推演下去，我们可以看到，由于人工智能的发展，很多问题的解决办法，其实已经不需要直接在大脑里面运算了，甚至可以直接到搜索引擎里找到经过运算的答案。假如这件事情变得越来越容易，我们的大脑其实在某种程度上被外包了，因为大脑外包给电脑，所以人就会出现某种程度的退化，而人性也会随着调整。同时，我们发现，技术发现或发明是一连串的补充性事件，比如发明了电，然后出现了电器产品，有了电器产品，又发明了通信产品，通信产品发展到一定阶段，又出现了移动互联网的社交产品，等等，只要你踏上了一个台阶，你就被迫一个一个地往上走，在这种连续发明的过程当中，你发现好像不是人在发明技术，而是技术发明人。

如果我们站在技术的角度来看人类的演化，我们也许会看到完全不同的世界，这个时候你可能会发现，人的很多的所谓以人为中心的预设，或许是错误的，也许我们都可以从另外一个维度来看到我们发展出的人类对于技术和自然的谦卑感。所以，技术发明人性、发明人文，技术成为经营的底层操作系统，让我们前文提到的第一性原理在企业经营中的应用，变成了经营管理中所要研究的最核心的东西。

（四）必须一面技术，一面人文

坚持两手抓，一手抓技术，一手抓人文，两手都要硬，这是优秀企业必然领会的。

技术分两个层面，一个是致力于内部效率的提高和成本的控制，比如ERP（企业资源计划）系统开发，OA（办公自动化）系统开发，信息化集成优化，产品技术研发创新等；一个是将各种技术（如互联网、人工智能、云计算、高端制造芯片等）创新应用于创建新的商业模式或企业组织，创造出新的市场和用户。

前者比如曾经的零售NO.1沃尔玛，在信息技术的支持下，沃尔玛能够以最低的成本、最优质的服务、最快速的反应来进行全球化运作。从1985年起，沃尔玛就安装了公司专用的卫星通信系统，该系统的应用使得总部、分销中心和各商店之间可以实现双向的声音和数据传输，全球4000家沃尔玛分店也都能够通过自己的终端与总部进行实时的联系，这一切的优势都来自于沃尔玛积极地应用最新的技术成果，而通过采用最新的信息技术，员工可以更有效地做好工作，更好地做出决策以提高生产率和降低成本。20世纪90年代，沃尔玛更加注重配送管理，并提出了新的零售业配送理论：集中管理的配送中心向各商店提供货源，而不是直接将货品运送到商店，其独特的配送体系，大大降低了成本，加速了存货周转，形成了沃尔玛的核心竞争力。应该看到，沃尔玛的信息化管理贯穿于整个价值链，以先进的信息化技术为手段，以信息流为中心，带动物流和资金流的运动，通过整合全球供应链资源和全球用户资源，实现零库存、零营运资本与用户的零距离目标。

后者在互联网时代更使技术创新及应用成为新物种的催化剂。无人驾驶技术使得百度等企业开始开辟新的商业模式，二维码智能锁技术应用使得摩拜、OFO等共享单车瞬间爆发，视觉识别、深度学习等人工智能技术应用使科大讯飞、今日头条等公司迅速打开市场，就连传统商业也在开启数字化智能化的融合商业模式，如万达的智能广场、大润发接受阿里系的新零售改造，等等。**技术在今天这个时代，或许已经成为商业模式本身。**

技术与人文的关系则是，技术是底层操作系统，人文是核心服务器，技术产生人文，人文又反作用于技术，两者反驯。具体到一个企业来说，人文大致包含愿景、使命、价值观、组织架构、制度标准、流程规范、员工权责、团队建设等企业制度和文化内容。

那么，有了顶层设计的愿景使命以后，如何打造企业的文化呢？餐饮界的海底捞、零售界的胖东来提供了很好的范例。海底捞大家知道的更多一些，变态的服务如：有长发的女士，服务员会递上皮筋和发夹；如果顾客带了孩子，服务员甚至会帮忙喂饭、和孩子做游戏；如果顾客想吃什么别的食物，服务员会立刻买来送给顾客……这种服务背后靠的是独特的员工管理模式，如服务员的免单权、亲情化和严格考核相结合的激励机制、独特的晋升渠道，等等。

而起家于河南，至今依然是地方性商业公司的胖东来同样创造了业界的口碑神话，顾客称赞，同行观摩，对手敬佩，其背后独特的文化发挥了至关重要的作用，在此将胖东来文化（来自其官网）附上，供大家参考：

> **文化信仰**：公平、自由、快乐、博爱
> **企业使命**：创造爱、分享爱、传播爱
> **企业价值观**：顾客满意、员工满意、合作伙伴满意
> **企业准则**：你心我心，将心比心；遇事抱吃亏态度；不是自己的坚决不要；不要急功近利，要从一点一滴的小事做起

企业目标：商业的卢浮宫、商品的博物馆、从培养100位工匠开始

我们的承诺：用真品换真心，不满意就退货

这其中有几条的确与多数商业企业的做法截然不同，比如遇事抱吃亏态度，比如培养100名工匠，比如将心比心，等等。而这些，就是为胖东来赢得业绩和口碑的核心驱动力。

> **小结**：技术为什么是企业经营的底层操作系统，原因就在于技术不仅提高了经营效率，更创造出商业模式本身；从更深的层面来看，人文精神和企业文化，也是技术的产物，是技术成果反驯的结果。而人文与技术是企业经营中最重要的一体两面，技术产生一切，而人文则构成了企业经营的目标、准则和意义。

第五章　绝对不能忽视的经营关键词

导读概要

1. 如果与上一章的技术与人文相对应的话，本章的情义与原则恰恰是关于经营最重要的一对关键词。

2. 情义是企业人文精神的最重要表达，是成就伟大组织的必要条件，现代企业情义打造的重点在于对于用户、员工、合作伙伴及社会的服务之心及责任承担。

3. 原则是基于第一性原理的成长算法，也是成就伟大组织的必要条件，企业必须在设定目标、识别问题、诊断问题、设计解决方法、执行解决方案等环节确立最优的原则。

4. 一把手是企业成功经营的最核心也是最后的秘密，优秀的一把手必须在组织使命打造、认知升维、自我优势塑造及对重要事情的敏感度上进行修炼，从而成为事业的最坚强捍卫者。

一、情义

——人文精神的核心表达，伟大组织的必要条件

（一）刘备成功最主要的原因是诸葛亮还是三结义？

三国时期，刘备的文韬武略并没有多少优势，但为何能够三分天下，取得某种程度上的成功？

有人归结于他得到了诸葛亮，"卧龙凤雏，得一人可安天下"，刘备竟然得到了两个人！有了诸葛亮的谋略，刘备才开始进退有据，最终取得荆州、西川；

也有人说他善于吸引人和用人，他手下的武将方阵一时风头无二，五虎上将——关羽、张飞、赵云、马超、黄忠，每一个拿出来都是超一线的作战水平，鼎盛时期与孙权、曹操两大阵营对比，也具有相当的优势；

还有人说他的江山是哭出来的，他情商极高，很容易取得别人的信任，又有着不俗的志向和野心，很多人就愿意帮他，所以他容易成功。

以上的原因都对，然而其中还有一个更加不容忽视的原因，就是桃园三结义的情义和精神。甚至可以这么说，刘备政权，成也三结义，败也三结义。

道家有句话是，失道而后有德，失德而后有仁，失仁而后有义。道是涵盖了第一性原理的，是宇宙的真相和规律性的东西，德则是人们基于真相和规律所建立起来的心目中的理想生活；仁则是孔子儒家在道德不可求之后，又孜孜以求去追求的国家社会治理的核心理念；而义，则是中国民间形成的一种气味相投、互相付出的精神气质。于是，几千年来，情义在各种组织中成为最

可宝贵的精神财富和发展内核。甚至我们看到所有的武侠小说，贯穿主人公全程的就是"行侠仗义""义薄云天""情义无价"，这些词汇是特别中国化的人文精神的表达。

三国时期刘关张的义，同样是兄弟之情义，"不愿同年同月同日生，但愿同年同月同日死"，对内互相托付以生命，对外则托以君臣之礼，很自然，就形成了以"同甘共苦、兄弟情义"为纽带的、以刘备恢复汉室主张为目标的、以兄弟们成功后共同享乐为激励的作战团队。这样的团队，执行力非常强大，再加上诸葛亮算无遗策的谋略，高光时期他们一路取荆州、夺西川自然是所向无敌。

然而败也情义。情义是个好东西，但是一味地依赖情义去构建国家和社会的治理结构，那必然会出问题。我们知道，治大国如烹小鲜，治理企业也如同治国，使命、愿景、价值观自不必说，人文精神和情义纽带也是特别重要，同时重要的还有制度、流程、标准、规范，以及基于第一性原理探索后的创新、转型。可惜刘备当年未曾懂得这个道理，他在失去关羽后捍卫了兄弟情义，却失去了作为君主的理智，于是有了"火烧连营七百里"之败，有了白帝城托孤之悲，三国时期最高光的蜀国一去不复返，没有了刘关张后的蜀汉政权，落得个最后"蜀中无大将，廖化作先锋"的窘境，让人不免唏嘘感叹。

我们看那些还不错的组织，都是有一种"情义"在里面，奸诈如曹操者，也懂得礼贤下士，也有横槊赋诗的人文情怀，理性如孙权者，周瑜也发出了"大丈夫处世，遇知己之主，外托君臣之义，内结骨肉之恩，言必行，计必从，祸福共之"的感恩之叹。然而就如同我们在上一章谈过的技术与人文是一体两面一样，人文精神的浓烈表达——情义，是团队精神的黏合剂，甚至在某种程度上成为团队在一起追求的意义本身，却依然要与技术、制度这些结合在一起，形成一个立体化的东西，这样才可以构建一个伟大组织。可以这么说吧，情义是一个伟大组织的必要条件，但不是充分条件。

（二）那些好企业是如何塑造情义的？

优秀企业的诞生和发展，必然跟创始人的精神气质相吻合。如果创始人是一个有情有义的人，那么这个企业也会有某种情义的温度，一个创始人致力于改变世界，那么这个企业里的员工也必然是热血而睿智的。

好的企业如何塑造人文精神和情义表达，大致可以分为以下三个方面。

一是对于用户或顾客，在产品和服务上做到一个"诚"字。所谓诚，就是诚信、诚实、真诚，像对待自己的朋友和亲人一样就可以，而不一定非做出"顾客是上帝"的那种姿态。同仁堂有句名言："炮制虽繁，必不敢省人工；品味虽贵，必不敢减物力"，如果没有这种精神契约在里面，企业表现出再大的情义都是假的。

二是对于员工要有人性的尊重和人文主义的关怀，以及由此打造的一种浓郁的家人氛围。发自内心尊重员工与严格要求员工是可以并行不悖的，员工即使在高强度的工作压力下依然可以感受到企业的情义，比如有人就说马云，在工作要求上简直快把高管们都逼疯了，但他们依然可以一起大碗喝酒大口吃肉，一起书生意气挥斥方遒（来自湖畔书院的氛围即是例证）。阿里巴巴有一些小习俗，如每年的集体婚礼，马云或张勇来证婚，据说以前的阿里人在大年三十，都要向天遥敬一杯酒，来表达对时代的感恩。

三是对于合作伙伴以及社会有一种共赢、公益和承担责任的操守。只关心自己发展的企业家是做不大做不长的，那些卓越的企业和团队绝不只是有"狼性"而已，他们也重视合作伙伴的利益，重视上下游的生态打造和共赢，也更为重视社会公益和责任承担。在这一方面表现突出的企业其实特别多，如我的老东家万达集团的老板王健林多年前曾对万达商业的团队说，你们要多研究如何让商户赚到钱，这才是商业制胜的核心。后来万达商管就将客流作为一个重要考核项，因为客流是商户生存的生命线。很多企业每年有自己的社会责任报告，而这就是一种公益承担的情义和操守。

那么反过来，通过这三个方面塑造出企业人文精神来的企业，就具备了成为伟大组织的必要条件，也会在员工业务状态和积极性创造性的调动上显现出领先的水平。

在这里举一个标杆餐饮企业的例子，就是海底捞，让我们看看网友们汇总的海底捞的服务有多"变态"，就会知道他们的人文主义精神和情义感染力有多强：

1. 客人在海底捞吃饭，忘带钱了。领班说："没关系，下次补。"随后，她又掏出 50 块钱说："这个您拿着打车。"客人感动万分地说："等我有钱买车，一定给海底捞当一个月义务司机。"

2. 他家的服务是真的好，一次我老板踢完球去吃海底捞，服务员看到我老板扭伤了，就拿了瓶红花油给他，走的时候服务员还追出来把那瓶红花油叫我老板带回家用。瞬间我老板那个感动啊。

3. 去年我爸在北京住院，中午我跟朋友出去吃海底捞，吃完把剩余的菜打包后，想装点调料走，服务员说调料不可以打包的，那我想想就算了，没想到过了会儿，她拿了一杯封好的调料给我，当时我也没觉得什么。上洗手间路过账台，看那个服务员从自己身上掏了十块钱给收银，我就觉得奇怪，问收银干嘛，对方居然说是服务员自己掏钱买的调料给我！当时我真的不知道该说什么好了……这种服务，在中国肯定比稀有动物还少！

4. 朋友有一次去吃夜宵，去太晚了，海底捞关门了。然后他就走了，后来人家服务员奔过来拿了两个烤玉米棒，说："真是不好意思，害你们饿肚子了，这两个玉米棒你们垫垫肚子吧。"

5. 有一次跟家人过生日，我就随口说了句，"今天你生日，面要点一个的"，结果吃到一半，来了三个服务员，唱《生日歌》，给了一个很大的果盘，点的面也免费，太意外了，太惊喜了。人类已经不能阻止海底捞了。

6. 海底捞服务员看到我用手抓住头发吃东西，怕头发掉碗里，他立马拿皮筋来给我绑头发，有机会咱们再来哈！

7. 一网友说，一次在海底捞吃完饭，要赶火车却都打不到的士。门口的小弟看到他带着行李箱，问了情况转身就走。结果紧接着海底捞的店长把自己的SUV开出来，说"赶紧上车吧，时间不多了！"海底捞要冲出宇宙了……

8. 我妈催我去相亲，无奈只好骗她说找到女友了。这周放高温假，我妈知道，逼我把女友带回去给她把关。没办法，我咬牙豁出去，请同事阿倩到海底捞吃饭，求她装女友陪我回家，谁知她和人约好去玩，我悲催了。结账的时候，服务员说："先生请您等等。"过了一会儿，女服务员换了件白色衣裙出来说："先生，我陪你去见令堂吧。"

9. 人类真的已经无法阻止海底捞了。周六去吃火锅，朋友不小心把丝袜给刮破了，她饭后还有第二轮，正郁闷得不得了，结账时服务员居然递上了全新的丝袜！！还是三双!!我一下就怔住了……此时那位服务员小妹妹微笑着对我们说,所有海底捞都常年订有袜管家丝袜和棉袜,随时给袜子挂坏或者弄脏了的客人更换……

10. 刚接到朋友的电话,说他们单位楼下的海底捞跑到他们公司去,一人发了一杯酸梅汤,说天热辛苦了!海底捞,你是来消灭地球的吗!?人类已经无法阻止海底捞了!!以后看来找工作得选公司楼下有海底捞的地点,说不定加班还送夜宵外加送你回家。

……

海底捞是如何激发出员工的"变态"服务的呢?创始人张勇在一次采访中是这样表述的:

"海底捞的服务员很多都是经人介绍过来的,老乡、朋友、亲戚甚至是家人……这种招聘方式在很多人看来简直是匪夷所思。

餐饮业属于劳动密集型行业,来就餐的顾客是人,管理的员工是人,所以一定要贯彻以人为本。

我始终认为,只有当员工对企业产生认同感和归属感,才会真正快乐地工作,用心去做事,然后再透过他们去传递海底捞的价值理念。试想你可以和亲朋好友一起工作,自然就很开心,这种快乐的情绪对身边的人都是很具感染力的。

海底捞为员工租住的房子全部是正式住宅小区的两居室、三居室,且都会配备空调;考虑到路程太远会影响员工休息,规定从小区步行到工作地点不能超过20分钟;还有专人负责保洁、为员工拆洗床单;公寓还配备了上网电脑;如果员工是夫妻,则考虑给单独房间……

光是员工的住宿费用，一个门店一年就要花掉50万元人民币。为了激励员工的工作积极性，公司每个月会给大堂经理、店长以上干部、优秀员工的父母寄几百元钱，这些农村的老人大多没有养老保险，这笔钱就相当于给他们发保险了，他们因此也会一再叮嘱自己的孩子在海底捞好好干。

此外，我们出资千万在四川简阳建了一所寄宿学校，让员工的孩子免费上学。我们还设立了专项基金，每年会拨100万元用于治疗员工和直系亲属的重大疾病。

虽然这样的福利和员工激励制度让海底捞的利润率缩水很多，但我觉得这些钱花得值当。

加入海底捞的员工，流动率在头三个月以内会比较高，因为生意太好了，确实太累了，三个月到一年之间有所降低，等过了一年就比较稳定了，能做到店经理就非常稳定了。海底捞员工的薪酬水平在行业内属于中端偏上，但有很完善的晋升机制，层层提拔，这才是最吸引他们的。

绝大多数管理人员包括店长、经理都是从内部提拔上来的。我们会告诉刚进来的员工，你只要好好干，我们一定会提拔你，这是我们的承诺。

在我看来，每个人都有理想，虽然他们中的大多数人来自农村、学历也不高，但他们一样渴望得到一份有前途的工作，希望和城市居民一样舒适体面地生活，他们也愿意为追逐梦想而努力，用双手改变命运。

我要让他们相信：通过海底捞这个平台，是能够帮助他们去实现这个梦想的。只要个人肯努力，学历、背景这些都不是问题，他们身边榜样的今天，就是他们的未来。

我们对每个店长的考核，只有两项指标：一是顾客的满意度，二是员工的工作积极性。而对于服务员，不可能承诺让所有的顾客都满意，只要做到让大多数顾客满意，那就足够了。我们会邀请一些神秘嘉宾去店里用餐，以此对服务员进行考核。

我看到有的餐厅训练服务员，微笑要露出八颗牙齿，嘴里夹着根筷子训练，我说这不是笑啊，简直比哭还难受，他们脸上僵硬的笑容，并不是发自内心的。海底捞从来不做这类规定，激情+满足感=快乐，这两条都满足了，员工自然就会快乐，并把这种情绪带到工作之中。

但是很有意思的是，张勇本人却说自己是一个非常理性而缺乏念旧情感的人，他在对早期合伙股东采取股权赎回从而实现自己一股独大的做法上也受到业界的质疑。或许，成功男人的感情通常是深深地埋藏在心底而代之以理想主义的志向吧，他们往往会为了更高的理想追求而放弃很多无法用金钱衡量的东西如友谊、亲情或爱情，但是这种人却创造出了能够用情感纽带连接的伟大组织。或许，这也是一种企业家或经营管理者不得不面对的悖论吧。

> **小结**：情义之所以重要，就是因为它是企业人文精神的最重要表达，也是塑造伟大组织的必要条件。那些优秀的企业往往懂得从对用户真诚、对员工尊重、对合作伙伴共赢、对社会承担责任等方面去塑造某种情义，而塑造出这种精神气质的企业，其员工则会让你感受到某种平等自信的精神气质，也会表现出更强的业务水平和服务能力。

二、原则

——基于第一性原理的成长算法，
成就伟大组织的另一必要条件

"原则"这个词汇看起来通俗易懂，其实质却是一种成长的算法，一套应对个人生活、工作管理和企业管理的法则。在上一节我们提出情义是成就伟大组织的必要条件，同时，我们也很坚定地认为，本节要阐述的"原则"也是。

在这里，我们要隆重推介一下美国华尔街大咖桥水基金创始人兼 CEO 雷·达里奥撰写的《原则》这本书，让我们一起探究一下书中所提及的原则到底是什么，它涵盖了哪些方面，为何原则会成为一种成长算法，又为何原则是成就伟大组织的必要条件。

达里奥在 20 世纪 80 年代开始写这本书的时候，只是记录一些投资方面的心得。因为做投资的不确定性很大，经常会遇到很多新问题、新情况，他后来发现，与其每次碰到新情况手忙脚乱，还不如静下心来好好思考总结一下，是不是可以针对同一类型的情况和问题，总结出某种行为准则加以应对。比如说，达里奥刚刚入行的时候，赶上美国总统尼克松宣布取消金本位，也就是美元不再和黄金挂钩。当时他以为金融市场肯定会遭受毁灭性打击，但没有想到市场不仅没有暴跌，反而暴涨了。达里奥就从这个事件中学到了两条"原则"：第一，不要相信官方；第二，货币贬值和大量印钞票对股市来说是好事。

类似的例子还有不少，比如 20 世纪 80 年代初，美国的失业率很高，美国的主要银行持有很多拉美国家的债务。1982 年 8

月，墨西哥出现了债务违约，这在当时算是个危机事件了。美联储为了应对这个危机，采取了宽松政策，结果为美国之后带来了十几年的大牛市。达里奥从这个事件中又得出一条"原则"：危机发生之后，当局采取救助措施的影响，要远远大于危机本身的影响。这个"原则"在2008年金融危机之后，也得到了很好的印证。

因此，当时达里奥就给自己定下规矩，把每一笔投资的交易逻辑记录下来，从中总结规律、提炼投资规则和标准，为之后的交易做准备。后来他发现，可以把这些"原则"编写成电脑语言，代入数据进行处理，以提高投资决策的效率。这也直接影响了桥水基金，在之后开发出了那个著名的"全天候交易策略（All Weather Strategy）"，一步步成长为全世界最赚钱的对冲基金。

把感性的经验，变成绝对理性的原则，把投资失误、投资感悟、投资策略用系统化的语言表达，也成了达里奥能够笑傲江湖的关键所在。后来，随着自己的基金越做越大，达里奥发现，这个方法不仅在投资领域有效，在企业管理领域也很有用。所以，他在20世纪90年代中期就开始总结一些公司管理方面的"原则"。到2006年的时候，他已经总结了60多条管理和工作方面的原则，当时他把这些原则在公司内部进行传阅，让同事们学习和提建议。到2010年，达里奥第一次对外公开了自己过去总结的所有《原则》。结果，外界的反应出奇的好，他发布的这个免费版《原则》，被下载了300多万次，还收到了来自全世界各地的人写给他的感谢信。近来在国内发行的《原则》，就是在达里奥在2010年版《原则》的基础上，进行了一次全面的修订和汇总整理而成的。

（一）可资借鉴的人生原则

达里奥在书中提出了自己认为最重要的人生原则：

1. 做自己想做的事情，而非他人逼迫我做的事（强调兴趣本身的价值）；

2. 把我能想到的最好的、独立的观点汇聚到一起，用以实现我的目标；

3. 对观点进行压力测试，把我认识最聪明的人找来帮我挑毛病，找出我观点中错误的地方（我不理会他们的结论，我只在意他们得出结论的推理过程，这才是对我有意义的地方。通过学习他们的思维过程，我提升了成功的概率）；

4. 我不敢太过自信，但很善于面对"不知"（不断搜集信息直到我对之胸有成竹，或者我会降低风险，避免遭遇"无知"的情况；我不打不加思考的赌，只对某些十分有信心的事情下赌注）；

5. 同现实展开斗争，反思为什么会产生这种结果，从中学习与提高。

在这里，我们对以上原则具体阐述一下。

我们知道，遵循原则、实现目标是最重要的，所以他提出了"通过五步，达到你想要的目标"，即**设定目标、识别问题、诊断问题、设计解决方法、执行解决方案**。

这几步听起来很简单，但大多数人不一定做得到，主要是有两个原因：第一，人类的天性是自负的，我们都希望自己的能力得到他人的认可。比如，有人对你的观点表示不赞同，你会下意识地把他人的不赞同视为一种挑战，甚至还会生气。在这种状态下，你很有可能表现失常，决策也可能出现失误，这样就达不到既定的目标。第二，每个人都有盲点。有的人是近视眼，远处的东西自然就看不清；有的人是远视眼，近处的东西就看不清。我们在思考问题的时候也是一样，我们惯有的思维模式，可能会导致我们无法对形势做出准确而全面的评估。

所以，达里奥认为我们应该**"极度开放"**——正是因为我们有各种各样的局限性，所以我们需要开放地听取他人的意见，尤其是反对的意见，而且最好是你身边的高手提出的反对意见。

而要做到极度开放，我们就得正确评估自己和他人的优缺点，所以这就要求：**要明白每个人都是不同的**。在这一点上，达里奥贯彻得非常彻底——很多男生玩过《实况足球》游戏，游戏里每个球员的能力值不同，比如有的远射能力强，有的速度快，有的防守好。达里奥把这套能力值体系，搬到了自己公司，对员工做起了打分。比如，有的员工信赖度高，有的员工创新能力强，有的员工执行能力强，每个员工都被打分之后，同事和领导就知道这个员工的优点和缺点在哪里。即便同事之间第一次工作，大家也能做出比较准确的工作预期。

人生原则的最后一部分，叫作：**进行有效决策**。达里奥重点介绍了一个决策工具，叫作**"可信度加权决策法（believability-weighted decision making）"**。桥水基金自创立起，就奉行所谓的 idea meritocracy，也就是**"优秀想法至上"**的原则，而不是"权力至上"的原则。

想要让最优秀的想法脱颖而出，第一步肯定是所有人把想法拿出来给大家看，第二步就是大家互相批判，提出不同的意见。那么在有不同意见的情况下，最后该如何决策呢？通常情况下，要么是独裁制，权力最大的人说了算；要么是民主制，一人一票,最后少数服从多数。

但在达里奥看来,这两种方法都不够好,他觉得最好的方法,是充分考虑到每个人不同的背景,然后对不同专长的人提出的意见赋予不同权重,最后加权计算进行决策。

比如,当探讨医疗相关话题的时候,有医疗背景的人提出的意见,在最后决策中所占的权重肯定就会更大;会计背景的人,提出意见的权重就不会太高。如果探讨的是一个跟会计相关的问题,那就正好是反过来。这种情况下,既保证了决策过程的公平民主,又保证了最后决策结果的科学性和可行性。

(二) 可资借鉴的工作原则

从本质上来说,达里奥总结的"工作原则"和"人生原则"是一脉相承的。他自己就在书里说,"工作原则"其实就是把"人生原则"应用到了事业上。

当然,因为做投资和管理会更加复杂,所以工作原则的内容也更多。根据他几十年的经验总结,他把一个组织崛起的过程分成了六步:

第一步,聚拢一批有宏伟理想的独立思考者;

第二步,奉行"优秀想法至上"的原则,让最优秀的点子脱颖而出;

第三步,想法都有了,就得有一个严谨的系统性决策机制,让好的想法能够落实到行动上;

第四步,决策带来了成功;

第五步,让员工开心、让用户满意;

第六步,有更多带着宏伟理想的独立思考者加入。

但如果第四步的决策带来的是失败,那就从失败中汲取教训，进行反思和总结，直到成功为止。

为了达到这六步，达里奥一共总结了 16 条大的工作原则，里面包含了上百条小原则，它们被分成了人、文化、组织建设和管理这三个维度。而所有这些工作原则，都有一个前提假设："**优秀想法至上**"，也即那个"idea meritocracy"。

达里奥认为，一个组织想要成功，并不是看创始人有多牛，也不是看手上的资源有多少，而是看这个企业是否能奉行"优秀想法至上"的原则。这些优秀的想法，很可能不是来自企业高层，而是来自企业中低层员工，甚至是刚入行的新人。

达里奥为什么会有这样的前提假设呢？说白了，还是因为他奉行的另外一个人生原则："要明白每个人都是不同的"。在他看来，每个人的大脑和生理特征都是不同的，每个人也都有自己专属的优点和缺点；看问题的时候，每个人都有自己独特的角度，也肯定有自己的局限性。

这个观点也是有科学依据的。1983 年，哈佛大学教授霍华德·加德纳就提出了一个著名的"多元智能理论"，简单来说，就是"衡量人类智慧和才能的角度不止一种"。比如，阿里巴巴的马云，高考数学成绩不及格，显然他不擅长数理方面的研究，但你能说他不牛吗？他创办了世界上最牛的互联网公司。

很显然，每个人都有自己擅长的地方，也有自己的弱点和局限性。加德纳的这个"多元智能理论"就明确提出了八种人类不同的智慧和才能类型，包括：语言、音乐、逻辑数理、视觉、身体运动、自知自省、沟通交流、自然观察等。这就好比，我们不能把擅长身体运动的梅西，拿出来跟擅长逻辑数理的 AI 科学家相比，也不能拿擅长音乐的郎朗和擅长产品创造的张小龙相比，因为他们根本不具备可比性。

在企业里也是一样——区分企业员工的维度不只是他们的职能和级别，还得认识到，企业里也有各种不同才能和缺陷的人。为了保证最终决策的质量，就得把各种不同角度的观点和想法都提出来，充分考证之后，才能保证最终决策的最优。

所以，要如何鼓励大家把自己的观点和想法毫无保留地提出来呢？这里就涉及达里奥另外一个重要的工作原则，叫**"极度透明和极度真实"**，英文是"radical transparency and radical truth"。其实，在达里奥的人生原则里，有一条叫作"极度开放"；在工作原则里，这也一脉相承，而且特别被浓墨重彩强调的一点。

那该如何做到"极度透明和极度真实"呢？一般情况下我们可能觉得，那就兼听则明，多汲取别人的意见就好了。但其实，我们所说的极度透明和达里奥推崇的极度透明，可能完全是两码事。

比如，在桥水基金内部，下属被充分赋予了权限，可以直接挑战上级，甚至挑战公司最高层的老板。比如，达里奥在2017年一次TED演讲上，跟全场观众分享了一封邮件。这封邮件来自于他的下属，里面是这么写的："达里奥，你今天在公司开会时候的讲话简直不及格，你根本没有做任何准备，不然的话，你不会讲得这么烂。以后，你应该多花点时间为开会做准备，如果需要，我甚至可以来陪你做准备，帮你热身。"信的最后，下属还补了一刀，说："你要是觉得我的看法不对，可以去问其他同事，或者直接来问我。"

这封信虽然是发给达里奥的，但全公司的员工都可以看到。可以想象一下：在任何一家普通公司，一个下属员工敢跟老板这么说话，老板会怎么想？他也许不会直接开除这名员工，但生气肯定是难免的。

但对达里奥来说，这样的对话每天都会发生，他也完全不会因为这样的事情生气。因为只有这样，同事之间才敢这么坦诚相待。在公司内部，不管级别高低，有任何的问题或想法，同事之间必须及时指出，这就是他们奉行的"极度透明"的原则。

除此之外，公司内部几乎所有的会议都会被录音。如果在开会的时候，谈到了某位同事，但这位同事又不在场，在场的人就必须把谈论这位同事的录音发给这位同事。也就是说，公司不允许任何人在背后议论别人。

有一次，达里奥和公司另一位高管讨论一位员工晋升的问题。高管觉得，这位员工的工作能力很强，可以给他升职加薪，但达里奥却觉得这个员工的能力不够。后来达里奥一想：不行，不能在员工背后议论他们。于是，达里奥就一个电话把这位员工叫到了自己的办公室，然后开始当面议论他。当然了，议论他的同时，也给了这位员工辩解的机会。

为什么桥水这么干可以成功呢？哈佛大学有一位学者叫罗伯特·凯根，他研究发现，大多数企业的员工，虽然表面上干的是一份工作，但其实做的是两份工作。第一份工作，是他原本要完成的本职工作；第二份工作，是要管理其他人对自己的看法和印象，尤其要隐藏自己的缺点和不足，展示自己光鲜亮丽的一面。但这第二份工作，其实非常浪费时间和精力。在桥水的公司文化里，大家只需要做第一份工作，只做最自然、最舒服的自己就够了，不需要再在第二份工作上浪费时间精力。（很可惜的是，我在万达的时候，发现包括自己在内的很多人，不得不将精力浪费在第二份工作上。)

硅谷的很多公司也是这么干的。比如在谷歌，就奉行所谓的"radical candor"，也就是"极度坦诚"的公司文化，鼓励上下级之间直截了当地表达观点和意见。在"硅谷钢铁侠"埃隆·马斯克的公司也是这样，有一次他的公司美国太空探索技术公司（SpaceX）研发的火箭在发射的时候爆炸了，之前在公司内部已经列出了10条可能会引发爆炸的理由，但最后实际引发爆炸的理由，却是第11条。所以，马斯克也汲取教训，鼓励员工大胆讲出任何他们觉得有疑虑或者担忧的事情。

当然，这个"极度透明"的原则也是有代价的——在桥水，新入职员工的离职率非常高。据报道，三分之一的员工在工作的头两年之内就会离开公司。而且，根据这些离职员工的反馈，他们认为同事之间的交流沟通太过粗暴，而且经常处于被质疑的状态。

不过，反过来看，太过于玻璃心的员工，尤其是一些小白兔员工，本来也很难在卓越的公司里生存。

（三）我们应该学习发掘出自己的原则

达里奥在书中所说：每个人都有自己的优点和缺点，达里奥也同样有自己的局限性。在达里奥的人生原则里，有一条叫作"不要忘记二八定律"。二八定律的本意是说，在任何一组东西里，最重要的部分只有20%，剩余的80%都是次要的。其实，这本《原则》就非常符合"二八定律"。书中80%的篇幅是介绍一个又一个的原则，但这些并不是最重要的；书中真正重要的20%，其实是制造这些原则的过程。

平常在工作生活中，我们会经历很多事情，有的事情经历完之后我们会得出一些经验教训，甚至有的时候就是灵光一现，产生了一些很好的想法。但人类大脑的默认设置是"短时记忆"——只要我们不是刻意重复去记忆某个东西，我们获得的经验也好，想到的好点子也好，很容易就忘掉了。

这本《原则》就是告诉我们：从人生和事业上获得的经验不要只停留在感性层面，一定要理性地进行记录和总结。这本书里的几百条原则，都是达里奥自己一点一滴记录总结出来的，是他个人的人生百科全书。使用的时候就像搜索引擎一样，当人生和事业遇到什么问题，就直接去里面搜索相关的原则作为决策的参考。

实际上，达里奥的桥水基金也是这么做的，他们甚至在公司内部开发了一个叫 Coach 的工具软件。员工遇到什么问题，直接输入关键词，就能在这个工具里找到相应的原则和解决方案。

无论是达里奥自己，还是他创立的桥水基金，他们都运转得像机器一样严谨精密——遇到的所有问题，都会被记录下来总结成原则，下次再遇到的时候，就可以找到相应的解决方案，然后照此执行。所以，无论是达里奥自己，还是他的基金，在市场上都很少犯错，而且运转的效率非常高。

而机器的运转之所以比人的效率更高，是因为机器极度自律，它会严格执行一切原则，不带任何的情绪。达里奥之所以能够如此成功，就是因为他在不断总结和提炼原则的同时，贯彻了机器一般的执行力和自律性。

达里奥最近在一次采访中就说，他是故意不想写太多自己的故事，因为他不想让别人觉得，是因为他自己的故事和经历，这些原则才成立。他希望读者自己去检验、修正甚至否定这些原则，而不要因为他的成功，就盲目听信这些原则。

> **小结**：最后，我干脆就把几条最核心、最接近第一性原理的原则集中分享给大家——
>
> 1. 大脑极度开放：承认自己有盲点，并以开放的心态接受其他人可能在某件事情上比你看得更准，他们试图指出的威胁和机会确实存在，那么你就更有可能做出良好的决策；
>
> 2. 极度透明：了解真相是成功的关键，而对任何事（包括错误和弱点）都保持完全透明有助于加强理解和不断改进；
>
> 3. 极度求真：努力寻求事实真相，让别人相信你说的每一句话；
>
> 4. 求取共识：不吝时间和精力，能够以开放而自信的心态修正双方立场；
>
> 5. 允许犯错：成功的关键在于，如何正确地失败；
>
> 6. 可信度加权：赋予那些能力更强的决策者更大权重，也关注那些与你观点不一致的人，并理解其推理过程；
>
> 7. 像操作机器一样管理：出色的管理者就是一个好的工程师，能够用量化的指标对进展进行评估和修正；
>
> 8. 不容忍问题：发现的每一个问题都是改进企业机器的机会；
>
> 9. 创意择优：不民主也不集中，而是按照观点的正确性做事；
>
> 10. 进化：个体的激励机制要符合群体的目标，是生命最大的成就和回报。

三、一把手
——组织和绩效差异性的最后秘密

（一）作为一把手的那些关键要素

还是举我以前在万达的例子。万达集团属于总部集权管控型企业，对于地方公司从制度、流程、规范及业务标准等都有严格要求，对工作的节点管控更是一丝一毫都不能出差错。如果某个万达广场业绩完成状况不好，先是找定位原因，其次是经营和营销原因，当然还有团队及执行力的原因，但最后归根结底，都会归结到地方公司总经理的能力问题。那么，通常我们会在报告里提到针对这家广场的整改提升措施，那就是换掉这个总经理。

其实，愿景、使命、价值观、战略、策略、营销、制度、流程、标准、计划、目标、管控等，都要具体化到一把手身上，有时候一把手的志向决定了企业的愿景使命，有时候一把手的能力决定了业绩达致的程度，有时候，一把手的状态决定了整个团队的成长生态和空间。**企业经营，愿景使命是竞争力之本，认知维度是竞争力之源，情义和原则是获取成就的必要条件，技术和人文则构成了驱动成长的底层操作系统和服务器，这一切都依赖于一把手能够通过实践塑造出自己的人格境界，能够游刃有余在那些虚虚实实的市场边界，紧跟并完善企业的增长逻辑，不断突破和进化。**

那些极其卓越的一把手或是团队的领导者，通常被称为领袖、导师，如果再深一步就是精神领袖、灵魂导师……无论是商业领域还是其他领域，都可以如此称呼，因为他们身上的领导力和管理思维在很多方面是相通的。这就是我们在本书中提到过孔子、提到过诸葛亮甚至提到过司马懿等历史人物的原因。

关于组织和人的关系，以及组织对一把手的要求，中化集团董事长宁高宁曾在湖畔大学的一次授课中说到，全局式的思考和预测是管理者所需要的，否则就没有领导力；而组织的天性就是希望一个领导人站出来说明天性是什么；你可能说错，当然最好不要说错，但你必须有大局观思维，形成对问题的多方位分析。

他认为：如果看中国共产党的历史，拿《毛泽东文集》和《蒋介石日记》比一比，会发现，蒋介石只有物质、没有精神，只有琐碎、没有大局，只有压力和牢骚、没有乐观，不大局气；毛主席举重若轻，他也重视物质，但是他更看重精神。

宁高宁还举例说，他有一次去井冈山学习，说当年毛主席带了一支队伍上山，问战士们山下是什么地方？战士们说，是吉安；再看看？是茨坪；再往前看，战士说看不到了。毛主席说，那不行，要看到全中国、看到全世界。

因此我们说，塑造并说明组织的天性或使命，是一把手最重要的工作之一。

其次，一把手是使命价值观及业绩目标达成的最强大的捍卫者。这里我们分两个层面来解读：一是使命价值观的捍卫者；二是业绩目标达成的捍卫者。前者多是企业家，后者多是企业合伙人或企业高管，两者有区分是因为分工不同，也因为长期角色形成的禀性差异。

在陈可辛导演的《中国合伙人》电影中有这样一段：作为一把手的成东青遭到合伙人孟晓骏的奚落，说带来现代化管理和业务战略的是孟晓骏，提供好的教学方法以吸引学生报名的是王阳（另一个合伙人），你成东青会什么？除了会自嘲和贩卖失败经历之外，什么都没有！

然而在一次危机事件中，当所有人往后退不敢出来与愤怒的学生、市民对话的时候，成东青却冲了上去，他大喊着自己办学的理念，大声斥责着不理性的人们，结果自己被砸破了头，血流不止。这时候，孟晓骏突然意识到，成东青是天然的一把手和领袖，在关键时刻，只有他能顶住压力，奋不顾身地去捍卫那些值得捍卫的东西。

大家都知道，《中国合伙人》这部电影是成型于新东方三驾马车的故事：俞敏洪、徐小平、王强，新东方的成功固然是商业模式打造和合伙人团队推动的结果，但更重要的是俞敏洪起到了最核心的作用。这一点，曾经的当事人徐小平和王强都不否认。

马云在一次阐述企业家和职业经理人区别的时候曾经说，老板与职业经理人去深山打猎，看到一只大老虎，职业经理人冲上去打完枪，老虎没死扑将过来，只见职业经理人把空枪一扔拔腿就跑。而老板无路可逃拔出刀来与老虎拼命。马云告诉我们一个道理：职业经理人将职业当作一份工作和谋生的工具，而老板却是将事业视作自己的孩子和生命。

这里说的就是一把手（老板）对于事业的捍卫，是可以拿生命为代价的。

由于现在企业组织形式的变化，那种垂直管理层级严格的企业结构在发生变化，扁平化、生态型甚至自由人的联合体等形式也出现了，一把手的概念应用得更为广泛。

比如，你是一个项目的管理者，也可以被认为是这个项目的一把手，你对这个项目的生死发展负有重大责任；你是一个地方公司的总经理，毫无疑问也是一把手，你对公司的团队建设和指标达成负有重大责任；你是某创业公司的合伙人，负责信息和技术领域，那么你也是一个垂直部门的一把手，你对公司的信息化建设和技术创新负有重大责任；甚至，你只是一个某甲方公司的在室内装饰领域的合作商，从某种角度，你也是这个合作项目的一把手，负有完善和实现项目的重大责任。

所以，一把手意味着对使命价值观的捍卫，意味着对业绩目标达成的捍卫，意味着对事业和团队利益的捍卫。能否成为一名光荣的捍卫者，是衡量能否真正成为一把手的关键。

再次，一把手要有"杀手"的气质和对最重要事情的敏感度。一把手具有传教士般的塑造组织天性和愿景使命的能力，也具有捍卫事业的责任感和荣誉感，但是，如果缺少对重要事情的敏感度和杀手般的刺穿事情本质并推动事情发展的能力和气质，那么他就无法最终走向成功。

杀手般的气质如何培养？哪些事情在你心目中是最重要的？这一方面取决于一把手自身的天赋性格，同时更重要的依然是依赖于第一性原理基础上的认知提升。而哈佛大学对于成为领袖的共性的东西也做了研究，他们认为卓越的一把手在以下几个方面是表现突出的。

首先的一个共性是同理心，或者叫移情。中文有一个词与之有点类似，叫作换位思考，但说得不全面。同理心是指你不仅能够站在对方的角度去考虑问题，还能够站在对方的角度去做出决策。现实生活中我们经常看到很多反面例子，一个领导完全听不懂员工说什么，员工那个着急啊，心想，这哥们儿怎么能当上领导？这种情况很多。

第二，一个好的领袖必须具备个人魅力。我们看过美国电影《美丽心灵》，男主角的原型是约翰·纳什，普林斯顿大学的教授，有朋友在普林斯顿读书时见过他许多次，老先生每天中午都会在校园散步，边走边思考，自己跟自己说话，不与任何人打交道。但只要他出现，所有人都会安静下来，包括平时调皮捣蛋的学生，用崇拜敬仰的神情看着他，那是大家发自内心的对于学术和知识的尊重。

第三是思考力和执行力，思考力就是认知的能力，执行力我在讲万达的时候有过简要描述，其实也是基于对目标的执着，对于完成指标的极致渴望。最早在万千百货（万达百货前身），集团高级副总裁李耀汉就提出"四千精神"，走过千山万水，道尽千言万语，历尽千辛万苦，想尽千方百计，最终要完成自己的任务，这个就是执行力。当然，现在的执行力，还有更加科学、高效地管理和经营，以取得最优的结果的意思。所以，思考力和执行力，是衡量一把手有没有能力的最重要标志。

　　第四是对重要细节的关注，很多时候决定成败的是细节，而决定生死的是那些重要的细节。这个就是杀手气质了。所谓杀手气质，一方面是该出手时不迟疑，有句话说是"慈不掌兵、义不聚财"，当年经济不景气时，通用电气要裁员20万，裁掉的这些人，可能家里就靠他一个人挣钱养家，你敢下这个手吗？杰克·韦尔奇就敢，当然现在很多一把手也都敢做；还有另一方面，就是对于那些决定生死的重要细节保持极其高的敏感度，并找到解决问题的办法。一流高手都是"春江水暖鸭先知"的，乔布斯对于极简时尚的产品设计理念的追求，马化腾对于组织内部两拨人去做"微信"的部署，王健林在地产项目连年增长的势头下转型轻资产的商业运作，任正非对于智能手机的研发以及对C端市场的投入，等等，都是触发于商业环境和关键细节敏感度。

（二）如何成为一名卓越的一把手？

　　在这里，我特别推荐哈佛大学"最受欢迎导师"泰勒·本-沙哈尔博士的观点，那就是：向最顶尖的那一小撮人学习；专注优势，找到最佳领导区；提升自己的幸福基准线。

▶ 1. 向最顶尖的那一小撮人学习

　　沙哈尔认为，我们应该向研究对象中最顶尖的那部分人学习。因为研究平均值只能描述现象，而研究最顶尖者，却能为所有人开出药方，让每个人受益。

1864年，英国哲学家约翰·斯图尔特·穆勒（John Stuart Mill）在其著作《关于女人的屈服》中，提出了一个对于我们今天如何看待爱情、关系、性别平等问题仍有巨大影响的看法：理想的男女关系，是双方不断交替地处于领导地位，既要领导对方，又要被对方领导。这个结论，影响和帮助了几亿甚至几十亿的普通男女。但它不是通过研究一些普通关系得出的，而是基于作者所知道的最好关系，即他和妻子的关系提出。对于领导力的研究同理。

过去五年，哈佛大学通过研究那些在全球500强任职的高管和优秀企业创始人，总结提出了一个可以让所有人学习并能够有效提升其领导力的模型，包括优势（Strengths）、健康（Health）、专注（Absorption）、关系（Relationships）、目的或意义（Purpose）五大要素，而这五个要素就是最顶尖的一小撮人的卓越共性，我们可以借鉴并结合自身状况去学习。

2. 持续专注于自我优势，找到最佳领导区

著名战略咨询公司盖洛普（Gallup），曾做过一项关于如何利用个人优势培养领导力的研究。调研对象遍布63个国家，包含数百家公司的110多万人。

他们针对两类人群——普通工作者、优秀领导者，提了一个问题：

你如何提升自我？发挥优势还是弥补劣势？

实际上，不管在中国、美国还是其他国家，大多数人的回答都是弥补劣势，他们认为专注于劣势更有助于自我提升。只有少数人回答发挥优势更重要。

而这些少数人往往更成功——不仅事业更成功，生活也更幸福。这就指出了一个相关性，即，很可能更专注于自己优势的人更成功，或者，已经更成功的人，往往更加关注自己的优势。

为了弄清因果关系，研究人员进一步问了几个问题：

你的优势是什么，即你最擅长做什么？

你是一个很好的战略思考者吗？你是很善于倾听，还是很会写报告？或者你是 Excel 专家？

你的优势从哪里来，即做什么让你最有激情？你是不是非常热爱做 Excel？或者特别喜欢跟人打交道？还是特别热爱写作、演讲？

这几个问题的研究结果表明：当一个人所从事的工作处于优势和激情的重合区，他往往能达到个人最佳状态，即到达最佳领导区——更高效、更有创造力、人际关系更融洽、业务绩效更好……

接着，研究人员问了第三个问题：

工作中，你有机会每天都做最擅长的事吗？即，你是否能在日常工作中发挥优势？

毫无例外，每一个国家，大多数人都回答没有机会，只有少数人回答有机会。这些有机会在日常工作中发挥优势的少数人，哪怕每天只发挥半小时，他们的业绩也更好。

而优秀领导者都会充分发挥自己的优势，每天充满激情地做着自己擅长的事，长期处于最佳领导区，工作效率平均高出常人 6 倍。同时，优秀领导者也能够主动发现并善用员工的优势，提供与之相匹配的岗位，让他们充分发挥专长和潜力，从而让组织绩效翻倍。而大部分普通工作者则总在弥补劣势，结果消耗了大量精力，没有机会再去了解如何最大化发挥优势，终究难以取得大的成就。

所以，有人已经提出：木桶理论已死，长板理论新生。这个值得我们深入思考。

▶ 3. 致力于提升幸福基准线，便可以更加成功

沙哈尔认为，幸福是成功的原因，那些卓越的领导者往往是生活幸福的。这个观点需要结合历史和现实来看，比如说我们看中国古代那些卓越的领袖人物，其实生活是不一定幸福的，甚至是更加孤独的，这也是我们古语"高处不胜寒"的意思，尤其是女强人，事业越强，似乎生活上就越不幸福。

这里面的原因一是组织形态上的固化制度和等级，二是信息不透明不对称，三是传统文化上对待男女的观念差别，在此不展开。

在今天，这个情况已经有所扭转。沙哈尔的研究结果表明：与一般人相比，真正卓越的领导者，不仅事业更成功，而且生活更幸福。成功并不能带来幸福，相反，幸福可以带来成功。幸福是因，成功是果。

在调研中，被哈佛大学录取的学生，可能高兴一天、一周或一个月，但高兴劲儿一过，他们的幸福感就重回被录取前的水平；一夜成名的明星，万众瞩目，挣着花不完的钱，但成名最初的兴奋一过，他们的幸福感又会回到从前，甚至不如从前。生活中一时的成败只能带来短暂的情绪波动，长期而言，绝大多数人的幸福感都维持在某条固定基准线上。

积极心理学认为：幸福能使人身心愉悦、带来积极的正面情绪，正面情绪具有激发创造力、提高工作效率、降低员工流失率、促进身体健康等积极作用，而这些，正是与领导力提升密切相关的因素。

而基于五个要素的 sharp 模型，则能够帮助大家提升幸福基

准线,这样,即使生活仍会起起落落,但长期而言,那些卓越的一把手的幸福基准线是上升的。

哪怕只是微弱地上升3%、5%,也会获得更多正面情绪,反过来促进成功。

> **小结**:卓越的一把手是少数,那些站在金字塔尖上的如商业、学术、政治等各个领域卓越的领导者,在很大程度上拥有共同的特质,而这些特质又与使命、认知、敏感度以及自我优势的确立等因素有关。我们曾经以为成功的一把手都是孤独的,甚至是以放弃了生活的幸福为代价的,然而今天的时代告诉我们,幸福基准线的提升,是成为卓越一把手的重要条件。

番外篇(三):周鸿祎自述——优秀一把手的理论与实践

1. 不要有定势思维

我有时在想,奇虎360能走到今天,幸亏我是门外汉,"乱拳打死老师傅"。门外汉没有思维定式,门外汉不会心存敬畏之心。安全行业别人干了20年,他们认为安全就应该这么干,他们也赚了钱。但是我啥也不懂,别人的做法我不会。但是当你从门外汉角度来解决问题的时候,可能有不同的创新。

正因为无知无谓,我们就挑了一个点,杀流氓软件。

相反,如果当年我是安全的专家,我肯定规划一个宏大的安全计划,要颠覆整个安全行业。我请麦肯锡做半年咨询,做一个很厚的 PPT。如果我们决定做杀毒，做防火墙，可能我们现在还在规划之中。而且我们所规划的，不一定是老百姓最需求的。可能我们做的产品同质化。你跟别人做相同的事，别人领先你 15 年，你怎么可能把别人干掉？伤其十指，不如断其一指。

2. 单点突破，做到极致

因为你有强大的对手，你又不具备强大对手的资源，所以资源有限的时候，你一定要单点突破，不能面面俱到。不要怕产品有缺点，就怕产品没亮点。这世界上没有完美的产品。iPhone 有没有缺点？刷微博刷半天电池就没了，还不能更换；文字输入绝对不如诺基亚，缺点多了。但它还是有那么多忠实粉丝。

今天你做个东西，面面俱到好像很平衡，可能就没有市场。因为就像一个老好人一样，没有优点，没有缺点，反正各方面差不多，马马虎虎。我不喜欢这样的人，因为真正有能力的人，优点和缺点都会很突出。所以做产品不要怕缺点。

今天大家都说苹果是一家伟大的公司，可你们记不记得当年乔布斯刚刚返回苹果的时候，这个公司都快被人踩死了。硅谷大佬们聚会都不邀苹果，甚至还有人公开表示，乔布斯就应该把公司解散，把钱还给股东。但是小小的一个 iPod，就让跌倒谷底的苹果，打了一个漂亮的翻身仗。iPod 说白了就是一个 MP3 播放器。这在中国已经烂大街的东西，为什么在苹果这里得到了新生？

第一代 iPod 没有后来彩屏显示等花哨的功能。它就选了一个点，在机器里面加了一个东芝的小硬盘，能存上千首歌，号称能把你一生中喜欢的所有歌曲都存在里面。iPod 在这个点上做到了极致。

这个点带来的震撼之后，如果颜色更漂亮，设计更时尚，再多一个独特的滚轴就能吸引更多的人。但这只是锦上添花，最根本的还是那一个点。

▶ 3. 成为适应能力最强的人

很多产品的竞争就像是"田忌赛马"一样，我不和你拼整体实力，我在一两个点上打败你，也能取得最终的胜利。

奇虎360刚出来的时候，我们的界面很丑，我们技术很一般，我们就一个优点，能解决问题。不管你的后台是谁，只要是流氓软件，我们就干掉，而且最多、最全，这一点就打动了用户。如果我们的界面再优美一点，更好。微创新很多出色的营销案例，都是找出用户今天最不爽的东西，在这一点上，把改善做到极致。

单点敢不敢做到极端，这点很重要。正如我经常做的一个比喻，"欲练神功，必先自宫"。

当年我做杀毒软件的时候，内部也爆发了口水战，那个时候我的投资方都跪下来抱着我的大腿，我们投了你这么多钱，你净干得罪人的事。好不容易有一点收入，明年咬咬牙上市，再把股票一抛，周鸿祎你愿意干嘛干嘛。

所有的改革和变革，首先是触及自己。"必先自宫"是指你的思想，能不能放弃原来的优势，能不能放弃既得利益，能不能放弃积累的经验。

很多人在原来的行业里成功，互联网会改变所有的游戏规则。最后在互联网里生存下来的不是最大的，也不是最凶猛的，而是最能变化、最能适应的。

6500万年之前，一颗彗星击中地球，环境变了，恐龙曾经是地球的霸主，最后消亡了。互联网就像一颗彗星，你会变成小恐龙。

如果你自己觉得你看到了点，就一定要放手去做。你总是想还有很多包袱，还有很多顾虑，我就稍微做一点改良，这是最可怕的。因为你是给对手提了个醒。如果他比你更有魄力，做得更彻底，甚至比你更有资源，那么他就能很快调转枪口，迎头赶上。

4. 将心比心，学会从用户角度看问题

用户体验这个词这几年很流行，但为什么叫作用户体验，而不是叫产品经理体验，或者叫老板体验？因为我们做产品，无论有多么好的技术，有多么好的设计，最终评价好还是不好的，是用户，不是我们自己。

老板、产品经理、行业专家选择一个产品的理由，与用户选择一个产品的理由，很多时候是大相径庭。你觉得好的产品，用户不一定买账。如何学会从用户的角度出发、换位思考，说起来是一件很简单的事，但是实际上很难做到。因为每个人不管成不成功，都会积累自己的人生阅历和经验，他的思维会越来越惯性，突破既有思维模式难度大。通俗地讲，这就是自我太强大了。在这种强大的自我下做产品，产品做着做着就变成了给自己做。

要突破这种惯性思维，我的建议是，首先要多读书、多看报、多与其他人交流，用外来的一个崭新的思维力量来打破自己头脑里的框框。

5. 适度的精神分裂

以我自己为例，按理说我是程序员出身，做过产品，懂技术，什么软件到我手里都不在话下。

但是，当我看360软件的时候，我会不自觉地就像变了一个

人，变成了一个不懂计算机也没有耐心的普通用户，稍微有地方觉得不顺眼或者没找到想要的功能，就要摔鼠标、砸键盘，心里有一种冲过去卸载的冲动。这是我多年练出来的宝贵经验，我认为其实任何人都能够做到。从用户角度出发来考虑问题，这对很多人来说不是能力问题，也是一个心态问题。

所以，我教育公司里的很多人，要"像白痴一样去思考，像专家一样去行动"。这就是要求360的产品经理，要从对计算机一无所知的普通用户角度看问题，发现问题后，要像技术专家一样迅速采取行动。

6. 一定程度上的没心没肺

本书作者按：本条款不仅仅是优秀的产品经理有。

一个优秀的产品经理，最重要的一个素质就是具备强大的心理素质，不怕骂，而且善于从骂声中找到改善产品的机会。最好的产品虽然能解决用户问题，但它不是完美的。

没有缺点的产品并不存在。优秀的产品经理追求的是极致，而不是完美。这就是说，做产品一定在某些打动用户的点上做到最好，做到连竞争对手都望尘莫及，甚至绝望到不再追了。

这个时候，真正的用户使用产品不爽了就会抱怨，会骂；竞争对手也会雇很多人，模仿用户的口吻来骂。面对铺天盖地的骂声，有些产品经理会产生恐惧心理，觉得是不是产品方向不对。

这个时候，我会鼓励团队说，竞争对手是我们的磨刀石，负面的信息里，即使是对手的枪镐，也要找到可以改进产品的启发点。我们一定要研究他们的骂声，想想产品有什么地方可以改进的，最后让他骂不出。这样，竞争对手就成了我们的磨刀石，把我们的刀磨得越来越锋利，我们手起刀落，就能把敌人斩于马下。

没心没肺的另一个含义，就是不怕失败。因为好的产品是不断打磨出来的，好的用户体验绝对不是一次到位的。真正创新的产品，在刚问世的时候一定是粗糙的、丑陋的，看一看第一代苹果电脑、Windows 的早期版本、苹果的第一部手机等，粗糙、丑陋不要紧，可以改进，关键是一定要解决用户的问题。

一个产品最后能成功，靠的不是一招制敌，更不可能是一炮而红，它至少经过三年五年不间断的打磨、不间断的失败、不间断的尝试。没有坚韧不拔的心态，一个产品经理很难做出来好产品。

有人说，做产品应该像做艺术品一样，但艺术品可以只展示给少数人看，甚至艺术品是艺术家孤芳自赏，做给自己看的。但是，判断一个产品是否成功，终究还是要看它在商业上是否取得成功，因此它必须要获得大众的认同。因此，产品经理必须要跟大众沟通，要能忍受来自各种用户的建议，哪怕这种建议看起来多么乖张；要能忍受竞争对手的骂声，哪怕这种骂声是谣言。

《弟子规》里面有句话说："闻誉恐，闻过欣。"这么高的道德要求，咱们普通人很难达到。但是作为产品经理，我们可以抱着一种欣喜的心态来看待批评，因为我们都知道，批评存在着改进产品的机会。所以，要想成为一名优秀的产品经理，就要有一颗粗糙的心，要能够做到没心没肺。

后 记

这本书定名为《经营哲学与进阶逻辑》，一方面是我个人觉得，写如何经营和管理的书基本上是汗牛充栋了，且不乏实操性的工具书之类，因此我想避开某些大家普遍熟悉的经营角度，去寻找那些被忽略却至关重要的东西去写，另一方面，随着我职业生涯（包括前期曾与某首富合伙创业生涯）的深入，我越来越觉得时代演进的速度之快、经营管理的理论与实践迭代之快，都是我们始料未及的，所以我试图从变与不变的关系中找到那些似乎是第一性原理的东西，并从中梳理出某种经营上的逻辑。

我想要表达的是企业经营的某种逻辑，也试图理解成功企业家所应具备的特质和能力，更重要的是，我还想揭示职业经理人的困境与突破。在写这本书之前，因为感觉到知识储备不够，又加上本人只是一个企业高管，于打工也尚未到达职业辉煌，更遑论创业成功走上人生巅峰了，于是我还算做了一些功课，持续搞了几个月的小小备忘录。

比如我在想一个成功的事业，除了模式和资源很重要，其"立意"是不是更重要，在古代也有"师出有名"一说，很多征讨檄文也都写得极富高度和正义性，那么立意其实就是找到你的愿景和使命，在此基因下打造出团队和商业模式。

所以我在书中认为，企业竞争的最高层面是愿景和使命之争，其背后则是领导者的认知维度，认知维度，背后则是市场空间，是认知税；而认知维度，又受制于你对物理学或科学规律的理解程度，我们通常用第一性原理来表达。

同时，技术、人文则构成企业经营的底层系统和服务器，与之对应的，则是成就伟大组织的两个必要条件：情义和原则。而对于这些东西的把握，一把手是最关键的人物。

在这些基本逻辑框架下，究竟什么是正确的事，又如何去正确地做事？做人和做事到底是什么关系？对这些问题我们便不再迷茫。

我们知道，企业经营是有周期律的，每个阶段的使命和策略各有不同的侧重；

我们知道，企业经营也是有层次的，组织形式随着技术演变，其边界不断被打破；

我们知道，营销和管理是两把双刃剑，一面很锋利，一面却很危险；

我们知道，不是所有的转型都是对的，也不是所有的失败都能带来成功；

我们知道，生意与活着，战场与赛道，是决胜的基础，但不是全部；

……

其实，我们的所谓非主流逻辑，是试图要寻找一种真正的做事逻辑，这种做事逻辑，是从科学及其认知规律中提取的，而不是从人情世故中增加的；我们希望用"情义"来增速企业的灵魂，但不希望用人情去增加交易成本。我们希望企业经营回归到理性的优化、数据的逻辑、价值的创造和使命的塑造上来。

而对于一个不断迎接新的挑战和面临新的压力的职业经理人，我更希望能从本书的经营逻辑中自我鼓励，并获得新生力量。还有，职业经理人是可以做到"黄裳元吉"的程度的，当然我们可能此生在职场永远不能够到达这种顶峰，但依然不妨碍我们可以欣赏并学习那些成功的职业经理人。

在这里，我想举几个非常成功的典型的职业经理人的例子，他们是阿里巴巴"逍遥子"张勇、微信张小龙、格力董明珠。当然，他们某种程度上也是公司股东，也属于合伙人，不得不说的是，顶级的职业经理人往往都是合伙人和股东。

"逍遥子"张勇最大的幸运应该就是遇见了马云，他曾经是盛大网络的财务负责人，到了阿里也是从财务做起，马云曾说"天不怕，地不怕，最怕CFO做CEO"，但是张勇却从CFO做到了CEO，我想他是幸运的，马云也是幸运的。张勇给人的感觉是很稳、很准，也很凌厉，他有能力把马云的愿景逐渐变成现实，也使自己获得了世界级平台的操盘手机会，并借此走向巨大成功。

张小龙我们就更崇拜了，他其实曾经是个创业者，可惜不是很成功，被腾讯收购后，马化腾给了他空间和信任，最终使其成为移动互联网时代的功勋开启者。他是个产品极客，不算是标准意义上的职业经理人，他甚至都不愿意参加马化腾组织的早会，但依然获得容忍和授权。他的功绩我们就不说了，我想"微信"一词可以代表一切。他最令人感动的是一个业界传说：据说当年微信的设计界面上是两个人在蔚蓝色的地球下面，为什么是两个人呢？因为微信的产品特点是社交和沟通，两个人就代表沟通交流，但张小龙说，人是孤独的。所以微信的开机画面就变成了地球下，只有一个人孤独地站立着。

格力董明珠是个女强人。她虽然智商、情商不是顶级的，但是她的韧劲、狠劲却鲜有匹敌者。她从一个珠海打工妹做到千亿级别的格力操盘手的位置，不得不说，这是她能力的体现。有个说法，男人事业上越强，会变得越来越柔软，而女人事业上越做越大，则会变得越来越刚强。最近，董明珠发表言论说，社会需要马云，但是马云真的不能多，因为"依靠山寨文化，我们走不远"。这不是董明珠将"创新企业"格力与"劣质产品"淘宝第一次比较了，早在多年前她就说过："不能没有马云，但不能有太多马云；至于董明珠嘛，越多越好。"

话说回来，职业经理人做到"黄裳元吉"的，可谓凤毛麟角，不仅要自己成长迅速，能力拔尖，更重要的是生逢其时，得遇其人。我还记得2008年刚到万达集团总部时，看到过原惠普中国区总裁孙振耀的一篇退休感言，让我心中燃起了一丝梦想的火花：

> 职业生涯就像一场体育比赛，有初赛、复赛、决赛。初赛的时候大家都刚刚进社会，大多数都是实力一般的人，这时候努力一点认真一点很快就能让人脱颖而出，于是有的人二十多岁做了经理，有的人迟些也终于赢得了初赛，三十多岁成了经理。然后是复赛，能参加复赛的都是赢得初赛的，每个人都有些能耐，在聪明才智上都不成问题，这个时候再想要胜出就不那么容易了，单靠一点点努力和认真还不够，要有很强的坚忍精神，要懂得靠团队的力量，要懂得收服人心，要有长远的眼光……
>
> 看上去赢得复赛并不容易，但，还不是那么难。因为这个世界的规律就是给人一点成功的同时让人骄傲自满，刚刚赢得初赛的人往往不知道自己赢得的仅仅是初赛，有了一点小小的成绩，大多数人都会骄傲自满起来，认为自己已经懂得了全部，不需要再努力再学习了，他们会认为之所以不能再进一步已经不是自己的原因了。虽然他们仍然不好对付，

但是他们没有耐性，没有容人的度量，更没有清晰长远的目光。就像一只愤怒的斗牛，虽然猛烈，但最终是会败的，而赢得复赛的人则像斗牛士一样，不急不躁，跟随着自己的节拍，慢慢耗尽对手的耐心和体力。赢得了复赛以后，大约已经是一位很了不起的职业经理人了，当上了中小公司的总经理，大公司的副总经理，主管着每年几千万乃至几亿的生意。

最终的决赛来了，说实话我自己都还没有赢得决赛，因此对于决赛的决胜因素也只能凭自己的猜测而已，这个时候的输赢或许就像武侠小说里写得那样，大家都是高手，只能等待对方犯错了。要想轻易击败对手是不可能的，除了使上浑身解数，还需要一点运气和时间。世界的规律依然发挥着作用，赢得复赛的人已经不只是骄傲自满了，他们往往刚愎自用，听不进去别人的话，有些人的脾气变得暴躁，心情变得浮躁，身体变得糟糕，他们最大的敌人就是他们自己，在决赛中要做的只是不被自己击败，等着别人被自己击败。这和体育比赛是一样的，最后高手之间的比赛，谁失误少谁就会赢得决赛。

当初看完这篇感言，我曾暗暗下定决心，一定要在万达好好干，为公司，也为自己，甚至为中国的商业发展，去贡献自己的绵薄之力，不管能否赢得最终的决赛，也一定要坚持跑到终点，决不放弃。可惜，时过境迁，造化弄人，一切早已物是人非。当然，我不后悔当年的万达经历，尽管我不再崇拜万达的那些总裁副总裁们了。

现在的我，依然在华宇集团，操盘北京华宇时尚购物中心项目，我们从2016年开始，客流就连续双位数增长，在传统商业面临巨大压力之下,我们依靠自己的认知和实践,走出了一条场景化体验化升级的商业转型之路。我记得我们去年的年会主题是:不忘初心,砥砺前行。这也是在本书结尾处我想说的。